大是文化

攀高、續抱、快逃──
K線之道

股票要漲，不能純靠題材，更需要資金拉抬。
K線比財報早知道，賺到70%漲幅。

26年證券分析資歷、CSIA 證券分析師
臉書「林家洋-K線軌跡」粉專版主
林家洋──著

CONTENTS

推薦序一　「順勢而為」看似容易，其實最困難／葉芷娟……007
推薦序二　他是最懂散戶問題的投資教練／吳依瑋……009
強力推薦　……011
作者序　　股市正在發生哪些事？K線知道……013

 ## 支撐與壓力的檢視

01 用K線圖看清交易的輪廓……023
02 紅K出現，買盤必追高，黑K出現，未必有賣壓……025
03 資金潮來了嗎？K線知道……043

 ## 新手看量，高手看價

01 頸線突破的原理與意義……049
02 一眼看出不能買進的時機……053
03 創新高的第一天，資金攻擊準備……059
04 價不會騙人，量才會……065

 **股票要漲,需要資金的力量**

01 看出主力操盤軌跡的 4 種 K 線……071
02 資金進駐,股價才會飆……079
03 創新高的上影線,就是最好的買點……083
04 出現下影線,不等於股價有支撐……087
05 長十字線加成交量大,主力下重本……093
06 高檔黑 K 之後,誰來拉抬股價?……097
07 4 種跳空,要耐心等還是快跑?……103

 **能買、該賣,還是先觀望?**

01 黑 K 吞噸,原本的多頭趨勢暫時結束……109
02 跳空反轉,出現這種行情記得先閃……115
03 反撲力道難預測,一開盤就先離場……121
04 內困型態觀察重點:隔天走勢是否翻轉……129
05 島狀反轉容易誤判,退出市場才安全……133
06 母子雙星關鍵在跳空,暗夜雙星要避開……141
07 日出攻擊結束,賺到整段獲利……147
08 反彈的包覆黑 K,說明股價有天花板……151
09 主力防守的連續 K 線,絕佳買進時機……155
10 外側三黑看出多單落跑的企圖……159

學會基本招，讓你賺到 70% 的漲幅

01 看懂頸線突破的「當天」……165
02 趨勢變了，就全變了……171
03 遇壓慣性改變看出資金心態……177
04 移動平均線的扣抵計算……181
05 創新高第一天的重要觀念……187
06 拉回的支撐、跌破的反彈，無效……191

價差交易的邏輯

01 高檔長黑就像打地鼠，捶掉紅 K 攻擊……197
02 與主力同行……201
03 當 K 線像座山，內藏套牢危機……207
04 你以為的利多不是利多……213
05 股價攻擊總在創新高第一天之後……221
06 用感覺投資，只會離飆股越來越遠……227
07 高檔賣出、拉回承接，就這樣賣掉了飆股……233
08 賺不成價差就長期持有？小心長期套牢……237

 # 金融市場的生存之道

01 情緒折價的唯一用處,搶反彈……243

02 空頭結束才是價值投資最佳時機……249

03 價差交易者的紀律……253

04 賺錢的原理很簡單,為何結果總是賠?……257

推薦序一
「順勢而為」看似容易，其實最困難

財經主持人／葉芷娟

我跟家洋老師是在節目上認識的，對他的第一印象是「非常嚴謹」。開始錄影前，他會要求先跟主持人通電話，完整闡述一次他的想法，確認主持人完整理解他想表達的主題後，才會正式錄影。在我接觸過的來賓裡，這是非常少見的情況，我覺得也代表他的自我要求非常高。

家洋老師還影響了我兩件事：第一，他帶領我進入興櫃市場，且不只一次跟我分享，興櫃市場裡有很多即將昂首展翅的老鷹，應該試著多花點時間挖掘。第二，他改變了我對「創新高股票」的認知。

有一段時間，我透過自己的選股方式，的確可以找到一些開始走強的股票。然而，每當股價漲起來了，尤其漲到「K線圖的右上角」時，心裡總會覺得，已經賺到錢了、股價也創高了，「應該差不多了」，結果常常賣掉之後沒賺到後面的主升段。

家洋老師不論在書裡、專欄裡或者自己的講座上，總是再三提醒學員：「創新高的第一天，才是股價攻擊意圖展現的開始。」

攀高、續抱、快逃——K線之道

他告訴我們，股價突破頸線創下新高，代表前面的賣壓全部化解完畢了，攻擊資金不必面對過去套牢的阻力，所以，就算來到新高價又如何，現在才正要開始猛力攻擊呢！他的這個觀念後來深深影響我對於股票的操作。

你是「右上角選股」還是「右下角選股」的追隨者？或許多數人只想買在相對低點，然而現實就是，除了價值投資型的買股（而且還要先確認，必須是基本面優良的股票），不然打算買在低檔區是不切實際的做法，因為我們永遠不會知道多頭攻擊意願的資金何時進場。

又或者，很多人也喜歡在盤勢好時，開始四處尋找與盤勢逆向的標的，認為接下來就會換它們補漲了。關於這一點，家洋老師也一再提醒，真的不要逆勢而為，當股價呈現連續的多頭趨勢，就應該順勢買進享受飆漲；至於空頭趨勢就不該堅持續抱，更不能加碼攤平。

散戶常自嘲，自己總是被主力盯上，一賣股票它就漲飛，一買股票就開始跌。但大家是否想過，這背後真正的原理，就是因為自己總是逆勢而為？技術分析的「順勢而為」，看似容易，但其實是最困難的。為什麼推薦大家應該學習？因為我相信，唯有轉變觀念才會影響行為，而行為改變了才能扭轉命運。現在就跟著家洋老師，透過本書，讓我們再好好疏通一次自己做股票的觀念吧！

推薦序二

他是最懂散戶問題的投資教練

大是文化總編輯／吳依瑋

　　學校剛畢業後的第一個暑假，我除了找媒體相關工作，白天閒閒沒事，就跟著親戚去「號子」（券商）蹲著。

　　那是一個沒有手機、更沒有網路的年代，要看盤只能去券商，要下單只能寫紅單。那時沒有人在存股。每天收盤之後，就是聽分析師拿線圖說故事，那也是我第一次接觸到什麼是 K 線和均線。

　　當時臺灣第一次經歷股市萬點，市場熱到連賣菜的阿婆，都可以跟你聊幾句紅 K 創新高、一路長黑快點跑。

　　K 線（Candlestick Charts）又稱為蠟燭線，看似一根根彼此獨立，但串聯起來就可以看出目前股市裡多、空的端倪。難怪高手常說：「股市裡正在發生什麼事，K 線比財報更早知道！」特別是將 K 線和均線組合起來判斷，就可更清楚的掌握買賣點。

　　在出版市場裡，談 K 線的書非常多，很多都標榜 100 張、120 張、140 張圖讓你看懂。所以當林家洋老師第一次找我談出書時，我特別想知道，他的書跟目前市面上已經出版的書籍，哪裡不一樣。

攀高、續抱、快逃——K線之道

　　見面開會時，他沒有吹噓自己功力有多深，有多少圖表可以展現，而是不斷問我，這個「不該買進」或「不該賣出」的概念，要如何用最簡單的圖表或是說明，讓讀者看懂；怎麼用K線說明多空意圖、賣壓化解，讓散戶能夠自己翻書就學會。

　　家洋每次來公司開會改稿，永遠神采奕奕，不吝於跟我分享他那幾天在股市上的新觀察，還關心我是「繼續持有」，還是「分批出清」。幾個月相處下來，家洋老師不僅是我的作者，更成為我可以隨時請益的老師。難怪他的學生都稱呼他「最懂散戶問題的投資教練」。

　　寫這篇序的下午，台股大跌九百多點，加權指數失守21,000點。讓我想起家洋老師書中提到的，跳空有四種，怎麼知道該耐心等還是快跑？

　　或許就像本書的書名一樣，該續抱還是快逃，股票要漲、要跌，不能純靠題材，更需要資金拉抬。K線比財報早知道。

強力推薦

　　很多人看K線，只看「漲」與「跌」。不過對於技術分析者而言，每一根K線都有故事，它不只是資金角力的結果，也是市場情緒最真實的呈現。熟悉技術分析的交易者，往往能透過連續K線的組合，搭配成交量能的變化，解讀出「趨勢」，這也是技術分析的核心所在。

　　綜觀台股市場，我認為，林家洋老師是少數能將這件事做到淋漓盡致的人。他對於K線組合與趨勢判讀，往往有著獨到的見解，閱讀其文字時，常驚嘆：「哇！原來是這樣！」

　　技術分析是一門需要耗費大量時間鑽研的功夫，如果你希望快速精進這門技術，「站在巨人的肩膀上」絕對是一條捷徑，推薦大家閱讀這本《攀高、續抱、快逃──K線之道》。

──分析師、臉書「股添樂 股市新觀點」粉專版主／股添樂

　　事實上，我跟林家洋老師的投資方法不同，他是技術分析派，而我著重於總體經濟、財務分析與價值投資法。儘管如此，他在本書提出的一些投資觀念，我仍十分認同。

攀高、續抱、快逃——K線之道

例如他在書中提到的，價不會騙人，量才會；用感覺投資，只會離飆股越來越遠；價差交易者的紀律等。相信投資人閱讀之後，一定可以有所獲得。

雖然投資技術與流派真的很多，但投資方法沒有對與錯，只要找到屬於適合自己的最佳獲利模式，就是最好的方法。

——極上國際執行長、陳詩慧波段旅程 YouTube 創作者／陳詩慧

我在十幾年前剛進股市時，就是從學習看 K 線開始，所以看到書中那句「K 線最有趣的地方在於，人人都看得到，卻不見得找得到重點」，實在心有戚戚焉。

作者林家洋的 K 線專業分析經歷，厲害之處在於把 K 線常見的迷思（價量背離、攻擊後的判斷等）講得清楚易懂，尤其是常見的 10 種 K 線組合，讓讀者可以邊讀邊實際對照看盤軟體，加深理解。無論是剛入門的新手，還是看盤多年卻總覺得抓不到節奏的投資人，本書都能成為你看懂 K 線、看透市場意圖的第一本入門書。

——《波段的紀律》作者／雷老闆

作者序

股市正在發生哪些事？K線知道

　　沒有人天生就是寫作高手。音樂可以依靠天賦，繪畫也可以，但是寫作至少得有某個領域的豐富歷練，再反覆練習。

　　這就像股市裡的買賣判斷，沒有人天生就是交易高手，必須先培養正確的認知、邏輯、原理、準則，還要對抗人性的盲點，才有機會成為準確判斷的投資者。

　　我跟大多數的人一樣，人生第一筆股市投資以慘賠作收，但是很少人像我一樣，買進的第一檔股票三天後就暫停交易，就此下市。

　　我還記得那檔股票是易欣工程，在那個沒有智慧型手機、沒有網路的年代，無法即時得知股價，加上相信買低比較安全的錯誤觀念下，我賠光了當兵時期存下的所有積蓄。

　　當時的我天真以為，股市的投資重點在於得到內線情報，就能在垃圾裡撿到黃金，賺錢關鍵是在股價還沒被發現利多前低檔買進。更糟糕的是，我也沒有意識到買股不應該使用槓桿，所以才剛開始投資就遭遇融資斷頭。後來我花了六年時間艱苦的工作，才慢慢恢復元氣，然而，人生的歲月精華，又有多少個六年可以消耗？

　　在經歷了易欣工程的股票變壁紙後，我認為年輕人還是需要

攀高、續抱、快逃──K線之道

好好的工作，或是找到一個本業。當時我想進入投信業，然而投信公司根本看不上英文系畢業的我，因為他們並不在乎威廉‧莎士比亞（William Shakespeare）或英國文學到底在寫什麼。最後，我選擇了一家當紅的投顧公司，打算繼續往更專業的領域嘗試。

股價不僅會跳水，還可以跳樓

一次茶餘飯後，有個同業告訴我，將來手機只會使用鋰電池，而全世界只有兩家公司正在研發鋰電池，一家是日本的索尼（SONY），另一家則是還未上市的鋰新科技。

當時我遍尋未上市盤商，都買不到這間公司的股票。同業知道後笑我笨，他說何必這麼辛苦，為什麼不直接買母公司台光電（2383）的股票就好？當時，台光電股價大約12元。看到這個價格，我認為是天意，我也買得起，在飆股滿天飛的時代，我當然要「梭」（按：撲克牌遊戲術語，指下注所有籌碼）下去了。

我看準台光電的股價從32元下跌，在12～13元盤整了半個月，心想該是時候出手了，這一次我堅信自己的投資判斷變得更聰明。

台光電的股票可以融資，我計畫把資金分成三份，分散承接風險。等到市場知道鋰電池未來會成為主流、股票上漲後，此時買進的價格將不再是風險，於是我先融資買進30張，並且如我所願買在當天的最低點，到了晚上，我便帶著女友去吃大餐慶祝。

作者序　股市正在發生哪些事？K線知道

　　高興的日子並沒有持續太久，台光電股價在1個月之內漲到14元後，就開始跳水。當時雖然心裡有點小小的擔憂，但是我更慶幸自己將資金分批的策略是正確的，所以再融資補進了30張。然而，投入越多，心裡越是忐忑不安。

　　那段時間我跟營業員的關係越來越好，她每天都會在10點半準時打電話陪我聊天，通話時間雖然不長，但是要傳達的數字絕對講得一清二楚：就是我被追繳的融資保證金。除了大學聯考外，我從來沒有這麼認真的學習一個計算公式。如果維持率（按：股票市值除以融資金額的比率，股價越低，維持率越低）不夠，營業員會告訴我可以選擇賣出、補成現股，或是加碼買進，來拉高維持率。

　　頭都洗了，澡當然也要一起洗完。我深信：未來手機需要更大容量的電力，鎳氫電池終有一天會被淘汰，到時候就是鋰電池的天下。只要台光電轉投資鋰新科技這件事被媒體報導出來，我就能馬上翻身，因此，加碼拉高維持率才是正解。

　　然而，這是繼易欣工程後，我第一次發現股價不僅可以跳水，還可以跳樓。就在我「布局」將近200張股票時，台光電開始跳空跌停。

　　股價一跌，我就失去了所有信心。我開始懷疑自己過去的判斷、質疑自己是否在危急時刻選擇了錯誤的加碼。那段期間，我的世界裡整個天空都是灰的，還遇到暴雨。

　　所幸在山窮水盡時，萬泰銀行（按：2015年已更名為凱基銀

攀高、續抱、快逃──K線之道

行)的喬治瑪莉卡（George & Mary，臺灣第一張現金卡，以臺語的諧音「借錢免利」命名)出現了。那是當時臺灣金融界的創舉，在信用卡市場飽和之後，首創可以負額提領的塑膠貨幣，許多銀行也開始跟進。

我會有這張卡，起初是為了捧場朋友的業績，拿到卡後就一直放在抽屜裡。為了躲這場雨，我決定開卡啟用，畢竟股價再跌，人還是要吃飯，只要不去想股票，人生還是很美好。當時我依然認為，只要不將股票脫手，忍過了就是海闊天空。可是就在某晚的電視新聞裡，我才發現自己已經身在操作生涯的地獄。

那天所有電視臺都在播報兩棟摩天大樓冒煙的畫面（按：指2001年9月11日發生在美國的一系列恐怖襲擊事件)，幾乎看不到其他新聞。接著台股連兩天崩盤大跌，政府把當時跌停板7%跌幅縮減到3.5%，但是一切都為時已晚，四天累積下來還是可以再跌14％。當跳水變成了跳樓，你才會發現原來地板的下面還有地下室。

融資本身就是妖魔

我已經忘記最後怎麼賣掉這檔股票，只記得當時砍掉的價位是7元。後來有很長一段時間，我積極投入正職工作，完全不思考生活上的欲望，每餐吃著一模一樣的簡單菜色。

這是一種贖罪。因為弓要向後拉，箭才會射得更遠，股票也

是如此,我得先承擔虧損的後果。低調度日的生活持續了一年,某次酒後,我向同事說出了這段不堪的回憶,才第一次真正面對我犯下的錯誤。

從此,我開始認真的畫 K 線,學習 K 線中力量的意義、組合變化、型態趨勢的轉變,**想辦法找出每一種不應該買進的股票**。即便人心躲不開多頭市場想要「低接、拉回再買、逢低布局」的魔咒,但至少我得學會辨識,**什麼型態的 K 線不能買進**。

我曾在臉書(Facebook)粉絲專頁描述親身經歷,並表示:「槓桿是不必要的,應該要避免使用融資。」有人認為我把融資妖魔化,我並不生氣,因為每個人的經歷不同,但我還是回答他:**「我沒有妖魔化融資,而是融資本身就是妖魔。」**

有多少人在開信用戶時就已經認知到,當用融資買進股價 100 元的股票跌到 60 元時,並不是虧損 4 成,而是「完全賠光」?一定很少,大家都以為只要設定好停損,善用槓桿也能創造績效。

我在寫這本書時,心裡想的是緣分,是我與各位讀者的緣分,也是投資人與 K 線的緣分。美國已故投資家查理・蒙格(Charlie Munger)曾說:「對於手中只有鐵鎚的人來說,世界就像是一根釘子。」更貼切一點的解釋是:心裡只有鐵鎚的人,看什麼都像是釘子。

之所以會寫一本關於 K 線判斷的書,我期望的是先改變「投資人手上只有鐵鎚」這件事。正因為認知會改變觀念、觀念會影響思考,而思考會衍生行為,所以必須先導正認知,才有可能提

升最後的交易行為。

就像股市行情有好有壞，投資模式不同，就會產生不一樣的結果，這是「報酬順序風險」（Sequence Risk of Return，按：由資產報酬的先後順序所帶來的風險，將導致投資人面對相同波動卻擁有不同的報酬結果），但是多數人都受到「近因偏誤」（recency bias，按：人們在判斷事物發展趨勢時，會認為未來事件將會和近期體驗高度類似）的影響，把過去一段時間的經驗，直接當成未來決策的法則，這就是投資人避不開空頭市場的原因。

一瓶水在觀光區、飯店、便利商店或家裡，價格截然不同，K線也是如此。多頭市場時期，攻擊K線的價值斐然，但到了空頭環境下，強勢飆股不過是教科書上的想像空間；在空頭趨勢末期，型態學中的「頸線突破」價值超越萬金，可是當多頭趨勢持續超過3年，市場只剩下績劣股還沒突破頸線，這個型態已經失去判斷的價值。

這就是每個投資人必須懂得K線的原因，有武器才能作戰，能看懂市場正在發生哪些事，投資才會穩當。

股市的斯德哥爾摩症候群

年輕時我有一位女性朋友，沒有工作收入，但生活不疾不徐、不急著改變，因為有個男人每月給她3萬元的生活費。她沒什麼工作能力，也自覺離不開對方，所以每個月都需要這3萬元。

作者序 股市正在發生哪些事？K線知道

後來我才知道，原來三年多前她借給對方 500 萬元周轉，一直未還清，就以每個月 3 萬元來償還。要還清 500 萬元，這段關係至少要持續 12 年以上，等於是男人用她的錢來養她。這 500 萬元最後能還完嗎？沒有人知道答案。

這是典型的斯德哥爾摩症候群（Stockholm syndrome，按：指被害者對於加害者產生情感，同情、認同加害者的某些觀點和想法，甚至反過來幫助對方），明明被長期不合理對待，最後卻離不開對方。這也像是股票族的處境，一旦被深深套牢了就離不開，只好痴痴等待解套。

但是，只有在獲利狀態下才算是真正的投資，如果非要等到解套才願意退場，就像那位女性朋友，想等到拿回 500 萬元後再為自己的未來做打算，現在只能等對方慢慢還錢，沒有思考過 12 年後的事情，青春就這樣虛度。

股市熱絡時，人們想的並不是盡快提升判斷 K 線的能力、加入戰場，反而到處找尋自我安慰的方法，例如：不管配發的現金股利是價差、本金或成分股的配息，就貿然投入高股息型 ETF，有錢進帳就當作被動收益。人們的觀念真的如此糟糕嗎？當然不是，而是不想承認這只是假象。因為假如承認了，就要重新想辦法努力，面對自己錯過的機會。與其認錯，不如找個替代品，假裝有被動收益。

攀高、續抱、快逃──**K線之道**

「舒適」的投資判斷多是盲點及誤解

　　投資的真相是「本多終勝」，富人一年的被動收益就算只有3％，可能也是一般人主動收入的10倍以上。然而，一般人卻把微薄的勞務所得，換取虛假的5％報酬，即便得到了100萬元的5％，換算下來也只相當於一天136元，還不如省下一杯星巴克（Starbucks）咖啡。

　　但是，人們會安慰自己，有投資、有收益就行，錢哪裡來的並不重要，凡事都是無可厚非。最後的結果，可能是在一次利空事件中，折損了3年的存股收益。這就是新冠肺炎疫情剛爆發時，金融股存股族把股票砍到最低點的原因。

　　只是找個東西買，解決不了投資問題，重點還是認知和觀念，以及學習判斷技巧，必須放棄會讓自己覺得舒適的技術分析，然後脫離自己的立場，客觀判斷K線的力量。

　　這是我的第二本書，內容比第一本更加詳盡完整，期望可以全面改變投資人的盲點，和對K線判斷的誤解。其實，交易首先要了解自己的個性，然後依目的建立交易準則，剩下的就是確實執行，這一點難度其實最高。

　　每個人都有等待解套的經驗，股價下跌時，攤平成本不難，但解決不了根本問題，且即便意識到問題存在，多數人也往往只是擺著，心想以後再說。這麼做不僅無法止住這次的虧損，也會錯過下一次的多頭市場。依樣畫葫蘆的運用技術分析，很難進步。

序章

支撐與壓力
的檢視

序章　支撐與壓力的檢視

01 | 用K線圖看清交易的輪廓

　　進入技術分析領域，一定離不開K線，有很多人對於K線的認識，還停留在「只用一根K線仍不足以就此判斷方向」，很習慣的認為必須一併考慮「價量關係」。或是在還不了解單一K線的真正意義之前，就急忙深入學習「轉折組合K線」，使得盤面出現深具意義的突破或跌破K線時，卻因為型態與排列方式看起來不符合轉折訊號，抑或用了錯誤的方法判斷價量關係，就此錯過許多買進與賣出的機會。

　　K線由4個價位組成，開盤價、收盤價、最高價、最低價（見下頁圖表0-1），起源於200年前的日本，最初是用來記錄米市的價格。用K線記錄股價交易，是很完美的做法，投資人能從單一根圖形了解當天交易的整體輪廓，比起任何文字敘述都來得快速簡單。

　　開盤價的位置，決定了前一日收盤到當日開盤前，所有多空訊息的資金結論，先不論紅或黑，開盤位置的呈現也代表了雙方資金的意圖；而收盤價，就是這些資金當天實際參與交易後的結果。我們可以這麼看：所有的多空想法化為實際交易後，才足以影響K線的顏色與長短，若是只有單純的環境氛圍、想法，或高

攀高、續抱、快逃——K線之道

掛著賣單、低掛著買單,當天卻沒有成交,都無法影響K線在收盤後的樣貌。

進入K線領域後,大多數人最想學的就是多空轉折組合,期望找到轉折點的位置作為買賣點。K線轉折採用多方與空方力量的「力竭原理」,所謂力竭,就是力量的竭盡,一根根創新高的長紅K,背後需要的是追高買進的力量,但隨著價格越漲越高,會有越多資金覺得這個價位不值得,抑或拉抬的資金逐漸變少,已無力繼續拉高,此時就是力量的竭盡。

不過在學習轉折組合K線之前,投資人必須先正確與清楚的認知單一K線所代表的邏輯。

圖表 0-1 K線的基本形態

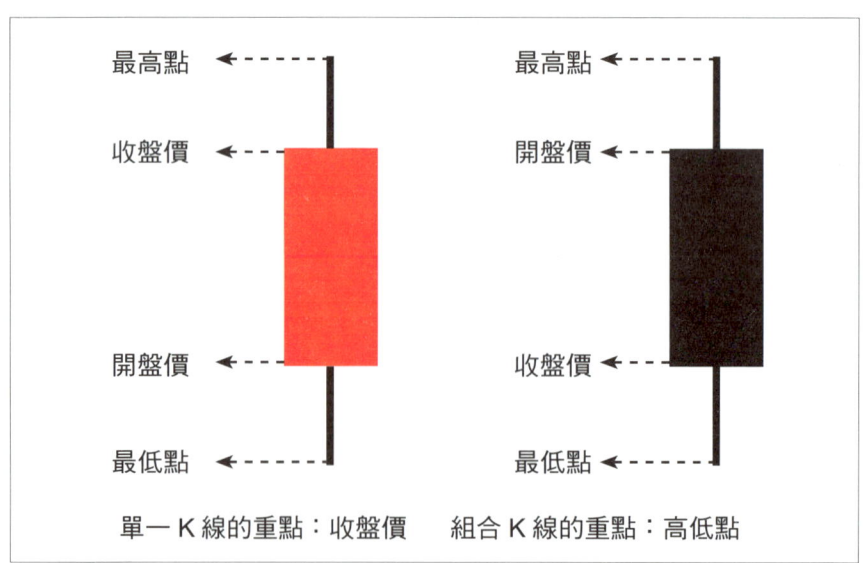

02 紅 K 出現，買盤必追高，黑 K 出現，未必有賣壓

　　開始學習 K 線技術分析之前，要先認識一件事，即是技術分析的技巧首重了解漲跌原理，但上漲與下跌的原理並不相同，很多人誤以為用同一個技巧反過來想就好，結果常常導致誤判。以下先帶大家思考一下紅、黑 K 形成的原因。

　　實心紅 K 代表的是開低走高，開盤即是當日最低點，盤中股價不斷上升。紅 K 走勢結構是買盤不斷追高買進所造成，因此才能讓這根紅 K 維持在最高點收盤，形成長紅。也就是說，紅 K 是有追高意願的買盤持續進駐。

　　但是黑 K 的形成就完全不是這麼一回事。簡單的說，黑 K 的確是開高走低，但不一定有持續不斷殺低的賣壓，只要買盤不想再承接，就足以形成黑 K 的走勢。這一點是很多投資人進入技術分析之前，沒有深入思考過的問題。了解紅 K 與黑 K 形成的結構不同之後，進一步就來探討如何研判單一根 K 線。

4 種長紅 K 型態，多方意圖各不同

　　長紅 K 是多方力量的發揮，開盤後股價往上走高，最後收在

攀高、續抱、快逃──K線之道

當天的最高點,對於持有股票的人來說,除了跳空漲停一路鎖到底之外,這是感受最舒服的走勢。而且這根紅K不會因為當天沒進場交易的人而改變,亦即紅K並不是因為大家看好未來,而是必須有人拿出資金不斷買上去才能形成。所以隱藏在長紅K背後的意義是,必須判斷多方是否還有意圖與力量繼續上攻。

1. 股價創新低的低檔長紅,多方展現攻擊態勢

股價創新低有很多種可能,多數是因為利空。股價創下新低,表示過去的走勢已經在反應利空(因未涉及基本面討論,故先排除地雷股的可能性),所以當低檔長紅出現,代表空方力量已有竭盡現象,長紅把走勢轉為多方攻擊的機會來臨。

所謂「攻擊」,即是股價已經化解過去的賣壓,開始進入沒有賣壓的階段,呈現有幅度的拉抬。在前方為空頭排列的狀況下,出現的紅K越長,代表多方企圖與攻擊態勢越強。一般散戶很容易因為過去空頭趨勢的跌價,幾乎買進就套牢,所以剛開始出現紅

TIPS 賣壓中空

當股價連續下跌到某個程度,持股人因為已經嚴重虧損,認為就算出現多根漲停也無法回到成本區,就會放棄掛賣單,形成短期內賣壓暫時消失,這時無須太大的買盤力量就可以大漲,即稱為賣壓中空現象。

K 當日的盤中，會有不敢追高買進的心理，加上股價距離原本持有的成本區太遠，使得當日長紅 K 漲勢有「賣壓中空」現象。股價到低點後轉為拉抬上漲，且賣壓已經不大，就容易出現明顯反彈力道。

2. 前有築底跡象的低檔長紅，多頭趨勢確立

築底現象是沒有經過多空對峙的過程，雙方都無表態意願，漸漸有低檔吃貨的多單，藉由正常的波動走勢持續買進，但並未攻擊。這時無論過去的態勢如何，當築底型態後有一支長紅 K 空破整理區，通常就是攻擊姿態。

可以留意的是，當築底型態越久，表示前方低檔區的多單在這根長紅表態後，都處於賺錢的狀態，亦即上檔幾乎沒有套牢籌碼的賣壓。假如築底期間超過 2.5 個月，甚至接近 3 個月，這根長紅就極有可能直接帶動季線上彎，將趨勢轉強，進一步變成型態學上的頸線突破，走勢將非常有機會強烈上漲，若再加上長紅隔日跳空開高往上，這個多頭趨勢的確立會更加明顯（見下頁圖表 0-2）。

3. 股價創新高的高檔長紅，需觀察多方是否力竭

股價創新高的高檔長紅，是一種攻擊力量極致發揮的表現。如果最後以漲停板鎖住收盤，又與單純收在最高價的意義不同。

鎖住漲停的長紅，顯示買單尚未完全滿足，還在排隊等候，

攀高、續抱、快逃——K線之道

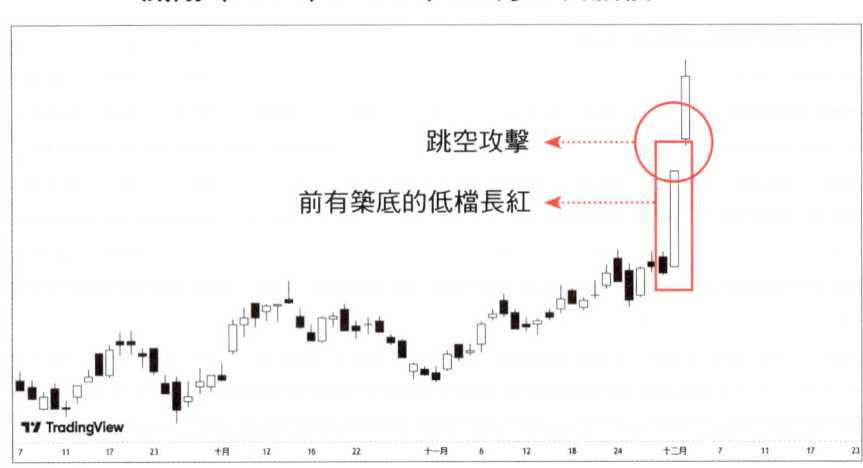

**圖表 0-2 前有築底跡象的低檔長紅型態範例——
威剛（3260）2020 年 12 月 2 日股價**

資料來源：TradingView。

當日有未成交的買盤。而收在最高點的長紅若未鎖住漲停，則表示透過買盤的攻擊，上檔賣壓當天逐漸被消化，常常呈現價漲量增的攻擊走勢（見右頁圖表 0-3、0-4）。

然而，多方是否因為屢創新高價，成本逐漸墊高而無心力再攻？需要透過隔天是否有轉折來判斷，因此，創下新高價的長紅，未來判斷重點在於是否產生多方力竭的現象。

4. 未創新高的高檔長紅，小心多單轉為空方

高檔長紅卻遇到上方有賣壓的可能性很多，多頭市場下，盤面常有利多消息或小利空，但是低檔承接的意願強烈，形成拉回

序章　支撐與壓力的檢視

**圖表 0-3　高檔長紅範例——
　　　　　萬潤（6187）2024 年 2 月 16 日股價**

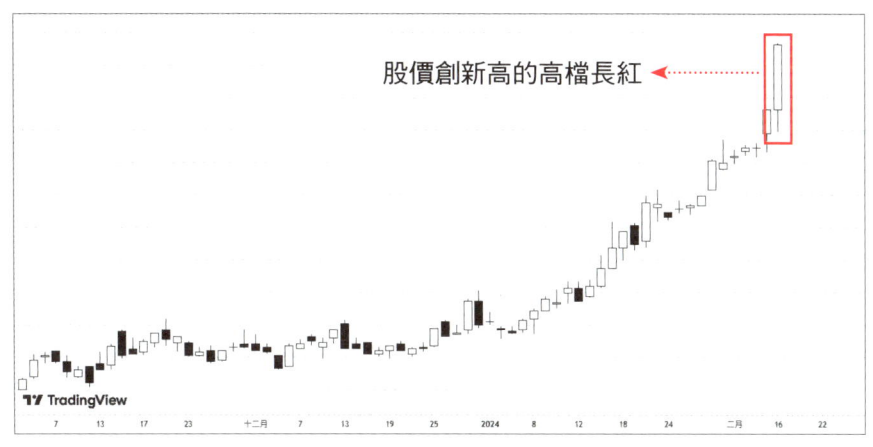

資料來源：TradingView。

**圖表 0-4　高檔長紅範例——
　　　　　前鼎（4908）2019 年 11 月 28 日股價**

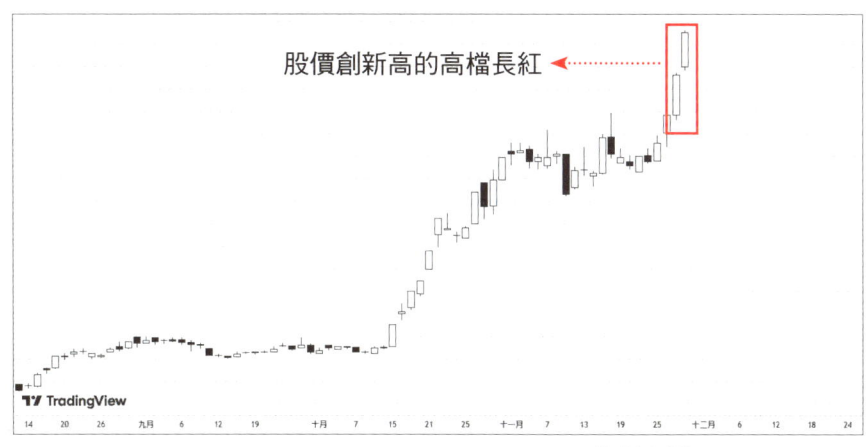

資料來源：TradingView。

29

攀高、續抱、快逃──K線之道

或向下跳空後又再一路走高。然而短期來看，上方的確還有明顯的套牢賣壓存在。我們無法肯定，未來是否一定有買盤願意追進再創新高，但可以肯定的是，多方抵擋不住前波套牢壓力的可能性依然存在。

　　因此必須牢記，看到長紅K出現後，當股價漲得越高，越需要比低檔區更大的資金成本，才有辦法再攻上去。除非有積極的買盤出現，否則上方仍有重壓的這種型態，結果通常是多方力竭放棄突破，而原本在資金展開攻勢初期而持有的多單，可能轉變為空方力量，逢高出脫股票，攻擊態勢消失後漸漸形成頭部，讓這根長紅的意義變成只是反彈（見圖表0-5）。

**圖表 0-5　未創新高的高檔長紅範例──
　　　　　台股大盤 2010 年 4 月 28 日指數**

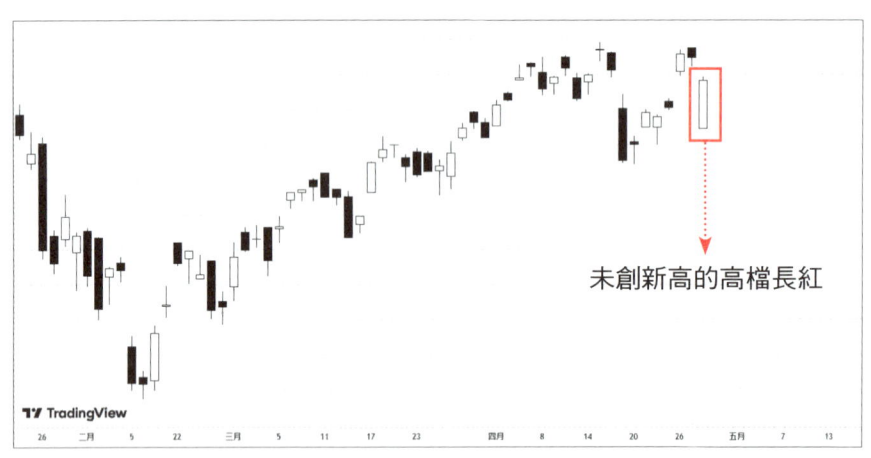

資料來源：TradingView。

從長黑 K 型態，推敲底部還有多遠

1. 跌勢中的破底長黑，短期內還未到底部

跌勢中的破底長黑通常伴隨重大利空，股價原本早已先跌，等到關鍵時刻，再以長黑摜破原本似乎低檔有支撐的走勢，通常出現在反彈無力、股價屢創新低時。一再的破底，導致失望性賣壓湧現形成長黑，這種剛剛跌破支撐的長黑，代表短期之內還不容易看到底部。

遇到這種空頭氣盛之時，只要股價創下新低，多方就不應該再預測低點，而是必須等破底現象停止、行情穩定之後再說，俗話說：「空中掉下來的刀子不要接。」就是這個意思。

要特別留意的特殊情況是，通常台股在連續性破底之後，籌碼結構會有重大變化，例如融資萬箭齊發、跌至十年線誘發國安基金進場等，都有可能在下跌段末期出現「總賣出現象」，導致隨後行情呈現 V 型反轉（見下頁圖表 0-6）。

> **TIPS 總賣出現象**
>
> 指環境氣氛不佳、利空消息不斷，投資人認為行情雖已跌深，但是從經濟環境看來，未來股市可能會持續下跌，認為趁早出脫持股變現比較安全。2015 年 8 月 24 日台股盤中大跌 7.49%，就是總賣出現象。

攀高、續抱、快逃──K線之道

圖表 0-6 跌勢中的破底長黑範例──
台股大盤 2015 年 7 月 27 日

資料來源：TradingView。

2. 跌深反彈後的長黑，空方趨勢持續

　　跌深反彈後的長黑也是低檔長黑的一種，當股價跌深之後出現反彈，看起來似乎有一線契機，卻在這時出現了長黑K，由高往低摜殺，明顯表示當下的多空趨勢結構並未改變。

　　這種長黑K若發生在過去已有漲幅，多頭走勢結束後才下跌，又持續緊接著出現每一次反彈之後，可以進一步估算，未來反彈中有多少套牢賣單壓力會形成實質的阻礙，使得短期看不到趨勢翻多（見右頁圖表0-7、0-8）。

序章 支撐與壓力的檢視

**圖表 0-7 跌深反彈後的長黑範例——
力山（1515）2023 年 5 月 9 日股價**

未破底的低檔長黑

資料來源：TradingView。

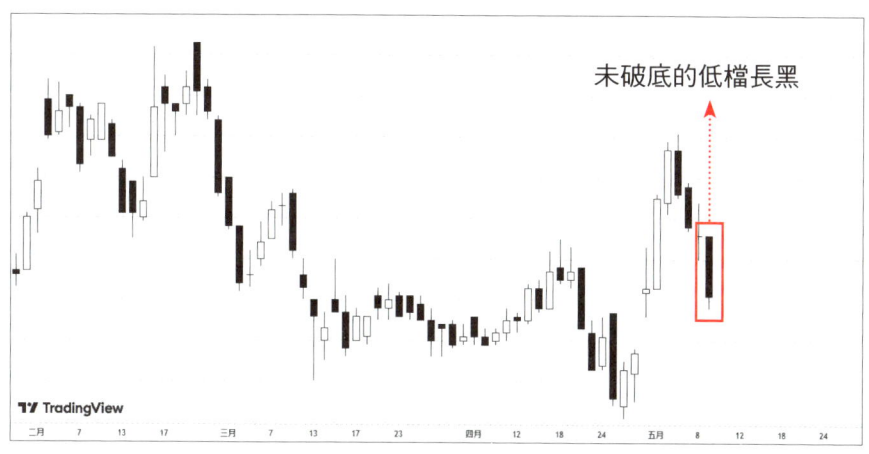

**圖表 0-8 跌深反彈後的長黑範例——
威剛（3260）2023 年 7 月 31 日股價**

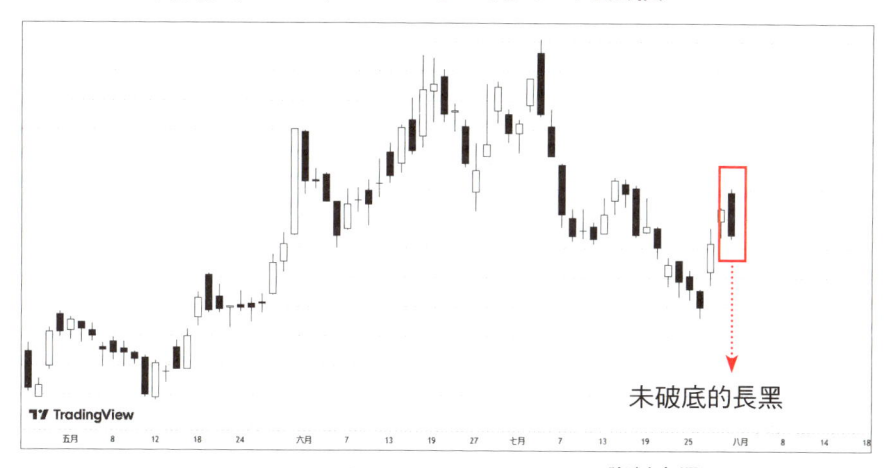

未破底的長黑

資料來源：TradingView。

33

攀高、續抱、快逃──K線之道

3. 創新高後的長黑，承接易套牢

創新高後的長黑，一般是指高檔出現一根包覆前紅K的長黑K，也就是「黑K吞噬」的型態（詳見第1章第2節）。**高檔區的長黑是多方有積極的企圖，打算盡可能利用多頭走勢直接一次出清持股**，短線客或**新高後拉回才開始承接的多單，通常因此馬上套牢**。也由於這個型態最為明顯易懂，出現後通常是股價已顯現中期高點的訊號。

這種型態若出現在有突發性利多時，須特別注意。由於利多應該不會在股價高點才發生事件，通常已經有人事先知道，也就是資訊不對稱，這種情況下股價早已大幅上漲，直到利多見報或消息曝光，投資人積極買進或持有的信心大增，股價開高後，賣壓卻在當天就往下大幅拋出，最後形成高檔的創新高後長黑（見右頁圖表0-9）。

4. 高檔摜破頸線的長黑，跌勢恐一發不可收拾

這裡指的高檔，是股價推升之後，經過多次來回整理，型態上逐漸走出作頭的趨勢，有明顯的頸線脈絡可循。當出現這種型態，不只會引發多頭逃難，甚至會觸發程式交易的自斷機制，以及技術分析派在頸線跌破的追空走勢。

高檔區域一旦出現跌破頸線的長黑K，除了出現明顯的多單頭部套牢區之外，買盤也會先縮手觀望，導致無量承接的急跌。與紅K不同的是，長紅K需要經過大量的追價意願，才有辦法維

序章　支撐與壓力的檢視

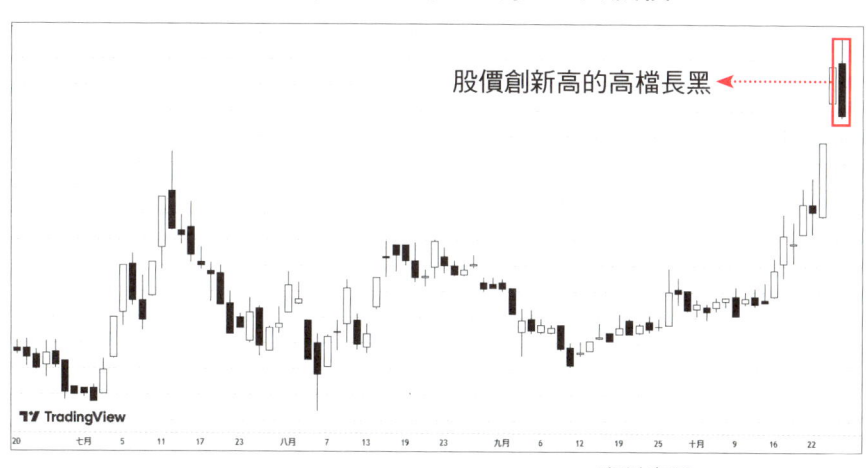

圖表 0-9　創新高後的長黑範例──
　　　　　力新（5202）2024 年 10 月 25 日股價

股價創新高的高檔長黑

資料來源：TradingView。

持收在最高點位置，但是只要賣壓出現，買盤大多數觀望不願意低接，很容易就會快速出現長黑。同時也由於跌破頸線，空頭的回補單並不會立刻進場，再減少了買盤的力量，讓跌勢一發不可收拾，看不到底（見下頁圖表 0-10）。

跳空缺口，不計代價的買進或賣出

　　缺口代表的意義，是當日沒有成交的價格區間。當多方力量沒有慢慢低檔承接的打算，直接推高股價的意圖強烈，不想讓其他人有更低點可以買進，通常就會以跳空呈現。這時候的跳空缺

攀高、續抱、快逃——K線之道

圖表 0-10 摜破頸線的長黑範例——
　　　　台股大盤 2018 年 10 月 5 日

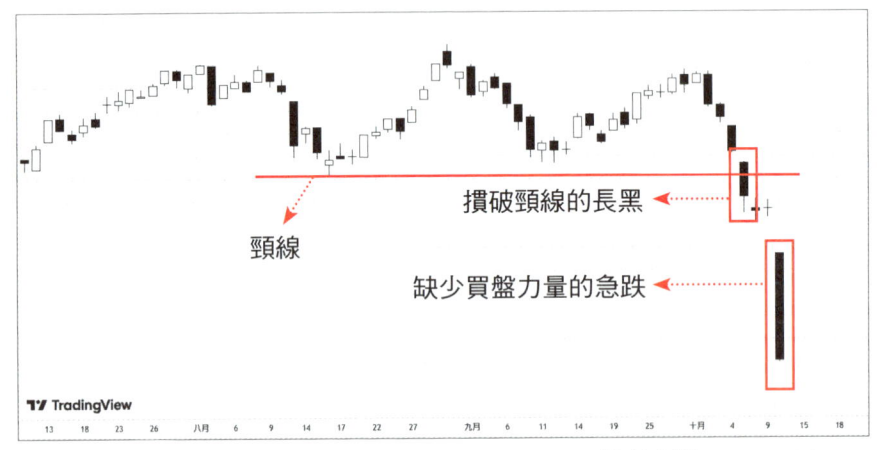

頸線
摜破頸線的長黑
缺少買盤力量的急跌

資料來源：TradingView。

口代表多方攻擊的意圖。

　　跳空是唯一一個記錄著沒有交易數據的 K 線，意義在於「不計代價的買進或賣出」。向上跳空表示買方積極的買進，如果市場在跳空當時沒有明顯的利多，那麼這個缺口的呈現就是買方的強烈程度（見右頁圖表 0-11）。

　　向下跳空的意義則是類似卻相反，會不計代價的賣出持股，通常是因為發生利空事件，才讓多單持有者開盤就掛著低賣。另一個向下跳空的可能，是上檔頭部明顯形成，資金沒有進場承接的意願，技術面中期弱勢所造成的買盤縮手，若是頸線之下的向下跳空，更是中期弱勢的強烈訊號（見右頁圖表 0-12）。

序章　支撐與壓力的檢視

**圖表 0-11　向上跳空缺口範例——
　　　　　全科（3209）2025 年 2 月 26 日股價**

向上跳空缺口

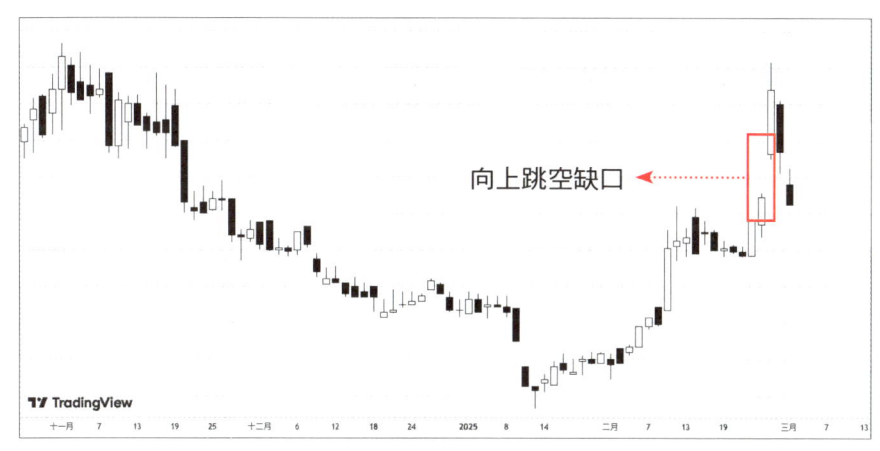

資料來源：TradingView。

**圖表 0-12　向下跳空缺口範例——
　　　　　統一超（2912）2024 年 11 月 1 日股價**

向下跳空缺口

資料來源：TradingView。

攀高、續抱、快逃──K線之道

上影線不等於賣壓，只是攻擊當日沒有持續

　　上影線通常給人賣盤壓力湧現的感覺，但是在多頭走勢中，本來就每天都有獲利了結的賣壓，多方不見得每天都打算走出完美的紅 K，因此，創新高的上影線代表當天出現過攻擊意願，只是沒有持續到最後收盤而已（見圖表 0-13）。

　　傳統分析技術觀念裡，上影線代表賣壓，甚至用「避雷針」形容這樣的單一 K 線型態，這其實是很可怕的錯誤觀念，容易「以一概全」衍生出錯誤的決策。實務上，上影線若是創下短期的新高價，代表盤中買方曾經有過攻擊的意圖與動作，尤其在多

圖表 0-13　有攻擊意願的上影線範例──
　　　　　上緯投控（3708）2018 年 3 月 28 日股價

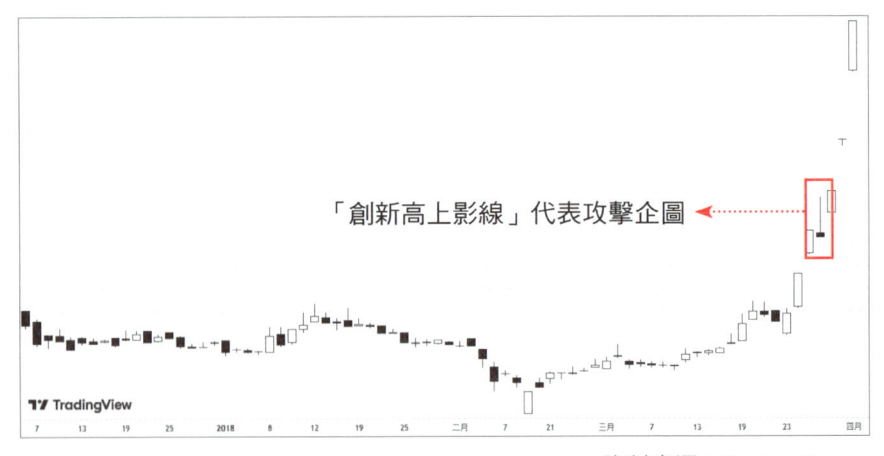

資料來源：TradingView。

頭市場中，積極性的買盤通常會在早盤就開始攻擊向上追買，只是沒有攻到最後收盤，因而在當日形成上影線，若單純把上影線解讀為賣壓沉重，很容易就此忽略多方曾經在早盤發動攻擊的企圖心。

十字線長或短，變天機率大不同

十字線代表多空力道的短暫均衡，觀察重點在於上下影線的長短，展現出來的力量意義不同。

假設在上揚格局後出現短十字線，顯示多空都在觀望，原本

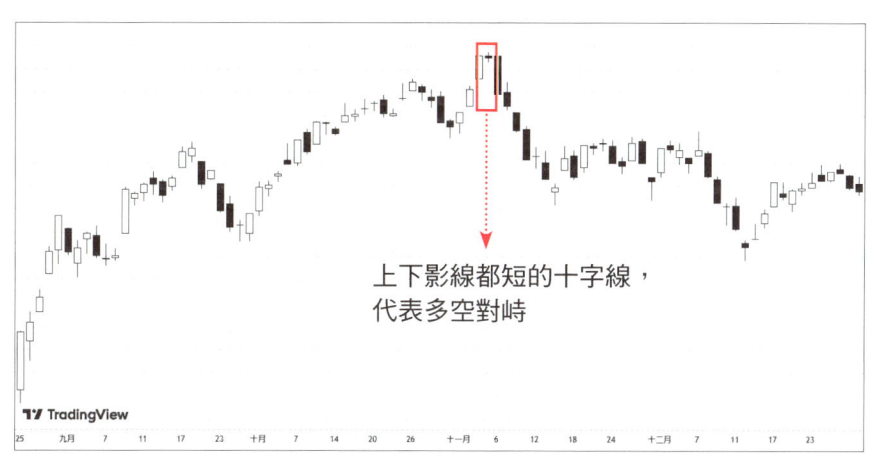

圖表 0-14 上下影線都短的十字線範例——台股大盤 2015 年 11 月 5 日

上下影線都短的十字線，代表多空對峙

資料來源：TradingView。

攀高、續抱、快逃──K線之道

的多方，在趨勢改變後有可能轉為空方，賣出持股，之後的走勢變盤機率較高（見上頁圖表 0-14）。

相對的，如果上下影線都偏長，必須從 K 線左邊過去走勢進一步判斷，假如過去是攻擊趨勢，表示多方資金除了已在場中，還在長十字線當天加碼，雖然最後收盤的結果是十字，盤中震盪明顯，但是多方在這天並不是單純觀望而已，而是確實有進場拉抬與防守。既然多方在這一天花了不少錢，表示未來繼續拉抬的機率偏高（見右頁圖表 0-15）。

連續十字線代表的意義與一根十字線相同，且多了一、兩天觀望的氣氛，而觀望代表著變化。當連續十字線出現，低檔又被跌破，短期就是弱勢，不過此時還不能視為轉成中期空頭，還需考慮頸線的支撐力道，若下方無支撐或壓力點可以觀察，就表示回到原有趨勢，原趨勢若是下跌，再加上這些連續十字線低點跌破，等於又是一個沒有見底的空頭走勢持續。

合併連續十字線成為長十字線看待，通常在剛創新高時使用，用來判斷股價的攻擊姿態（見右頁圖表 0-16），顯示在連續多日十字線時，資金尚未放棄對股價的拉抬，而是持續接收市場逢高出脫的籌碼。散戶偏向有高就獲利了結，當然是被有心拉抬的資金吸走。

序章　支撐與壓力的檢視

**圖表 0-15　上下影線都長的十字線範例——
　　　　　建準（2421）2023 年 7 月 19 日股價**

上下影線都長，
多方企圖可能依然存在

資料來源：TradingView。

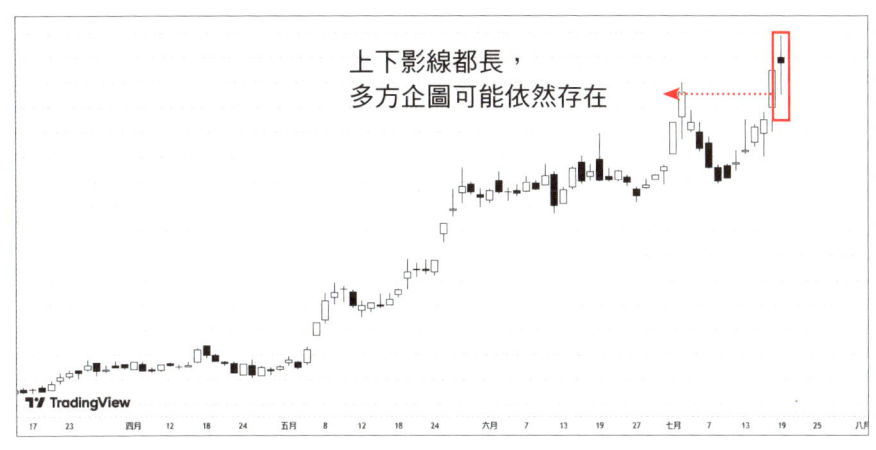

**圖表 0-16　連續十字線範例——
　　　　　華通（2313）2023 年 11 月 23 日股價**

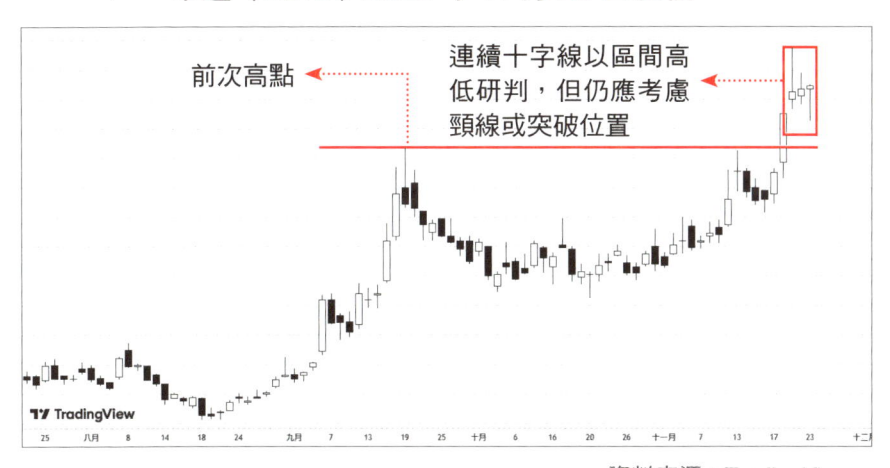

前次高點

連續十字線以區間高
低研判，但仍應考慮
頸線或突破位置

資料來源：TradingView。

41

03 | 資金潮來了嗎？K線知道

　　K線是股價走勢的歷史紀錄，沒有預測未來的功能，因此有人覺得K線是落後指標，沒什麼意義。雖然我們無法改變歷史，卻可以從過去才發生的軌跡研判資金的心態，也就是有沒有攻擊股價的「意圖」。

　　如果不知道**K線圖應關注哪些重點，就從「過去的套牢狀況」開始**，因為過往的套牢結構，是攻擊資金會面臨到的障礙，衍生出來的結論便是：「創新高第一天」是股價攻擊的起點，因為創新高之後，攻擊資金不必面對過去套牢的阻力。

　　人性往往對股價有懼高症，明知道突破創新高第一天是攻擊的起點，還是會不自覺的想等拉回再買進，拉回的股價攤平，就用布局當成藉口。這是交易者需要刻意熟練的交易準則制定原因，也需要理論基礎輔助，才能更駕輕就熟。

　　進入K線的行進判斷之前，須先熟悉三大要素：

1. 箱型區間就是有賣壓區段

　　投資人往往認定買低比較安全，應避免追高，所以相信「箱底買進、箱頂賣出」的說法。但從下頁圖表0-17泰碩（3338）的

攀高、續抱、快逃——K線之道

圖表 0-17　泰碩（3338）箱型區間代表套牢區段

泰碩（3338）股價在箱型區間之後跌破頸線，轉為空頭趨勢，打破「箱底買進、箱頂賣出」的謬誤。

資料來源：TradingView。

例子可以看出，箱型區間就是記錄過去股價無法再越過新高的事實，顯示賣壓確實存在，而且之後股價跌破頸線，轉為空頭趨勢，可見箱底買進是個盲點。

泰碩（3338）股價在進入中期整理之前，才剛剛漲完一波，必須等整理結束、確定方向後，才能決定要不要進場，若是認定「箱底買進、箱頂賣出」的判斷，就是以為市場會有人為了讓你賺錢，而投入資金拉抬股價，若你是握有資金的主力，願意當個盤子，讓散戶來回賺價差嗎？

2. 賣壓中空後的股價反彈有極限

K 線圖上看得出來的賣壓，是指過去的套牢，其中不想繼續套牢、願意執行停損的投資人，都早已出場，剩下的就是堅持要解套才出場的人，也是未來如果股價往上，多方攻擊資金會遇到的阻礙。這個阻礙越大、累積的套牢區段越久，就越難跨越，除非公司營運體質大幅改善，基本面支撐股價有更高、更遠的機會，才會有資金願意進場為套牢者解套。

從低價到這段套牢區之間，就是「賣壓中空」的區段（往往也是過去的破底急跌段）（見圖表 0-18），這個區段裡沒有大量嚴重的套牢，因此跌深了還是可以反彈。不過即便反彈，也只會

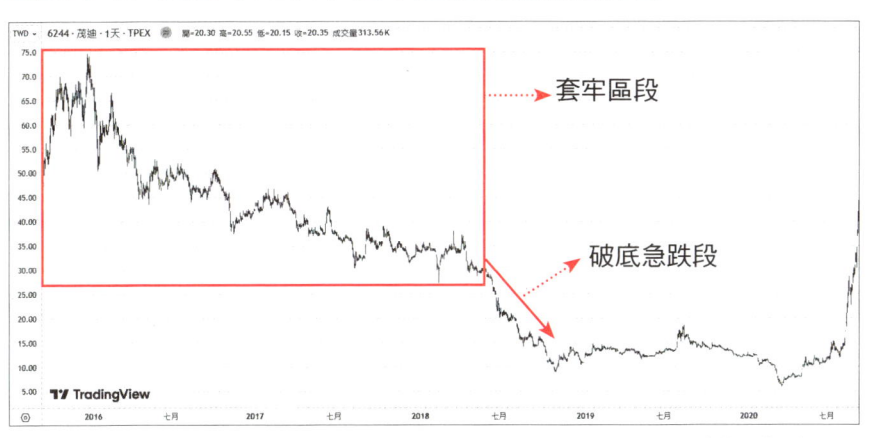

圖表 0-18 茂迪（6244）套牢區段的股價走勢圖

茂迪（6244）股價在 2018 年以前處在明顯的下跌趨勢中，而且是緩跌，直到 2018 年 6 月再破底，才走出急跌段。

資料來源：TradingView。

回升到某個位置就很難再往上,因為繼續漲到壓力區,就會出現解套的賣壓。因此,賣壓中空不代表股價會漲,只是若有資金願意拉抬,可以暫時無須顧慮「大量套牢賣壓」而已。

3. 只有突破或跌破頸線才重要

在傳統技術分析觀念裡,頭部和底部還有再細分,例如頭部又分成三重頂、頭肩頂、M頭等,其實這是很沒有意義的分法,因為只要是頭部,就都是套牢壓力。相對的底部也是一樣,只有「是否突破頸線」才是重點,至於是什麼形狀的底部並不重要,也不代表可能漲幅或機率。然而大部分人開始學習K線時,為了想買在更低價位,把時間都花在記憶或研究圖形形狀上,是件沒有意義的事。

PART 1

新手看量,
高手看價

01 頸線突破的原理與意義

　　我們從小的教育養成習慣背誦，很少花時間去理解知識背後的原由。而坊間大多數談論 K 線的書籍，也是這樣的教學邏輯，明明要幫助投資大眾找到買賣點，解決虧損問題，卻忽略掉很多 K 線的原理邏輯，只要與買賣點無關的判斷，經常省略跳過。加上散戶一貫心態就是低買、高賣，結果便是學了 K 線還是操作不順，始終未認清其實是買錯了位置。

　　型態學中的頸線突破、突破買進，本來是趨勢由「整理」轉變為「多方」的一個確認點，這是最重要的買進定義，然而突破表示股價上漲，認定買低的散戶當然不會遵守型態學的要領，還是想等價格拉回，結果把多頭市場的時間都用在等待，錯過一檔檔強勢飆股。

　　或許你會問，既然如此，為何不在股價低檔轉強的那一天買進？在解答之前，須先了解「型態學頸線突破」的原理。

　　在股票交易裡，只要有被套牢的人等待解套，就存在壓力，這一點從 K 線圖上一定看得出來。只要股價比進場成本低，套牢等待的時間越久，投資人越會一解套就賣出，這是人性，並非「會不會賣」的問題。

攀高、續抱、快逃──K線之道

然而股價要上漲，必須有資金拉抬，**主力吃下所有套牢者解套籌碼**的過程中，股價從低檔上漲到頸線位置，就是「賣壓化解區段」，等到賣壓化解完畢，**便會突破頸線創下新高，既然是新高價，位置就會在**「K線圖的右上角」。

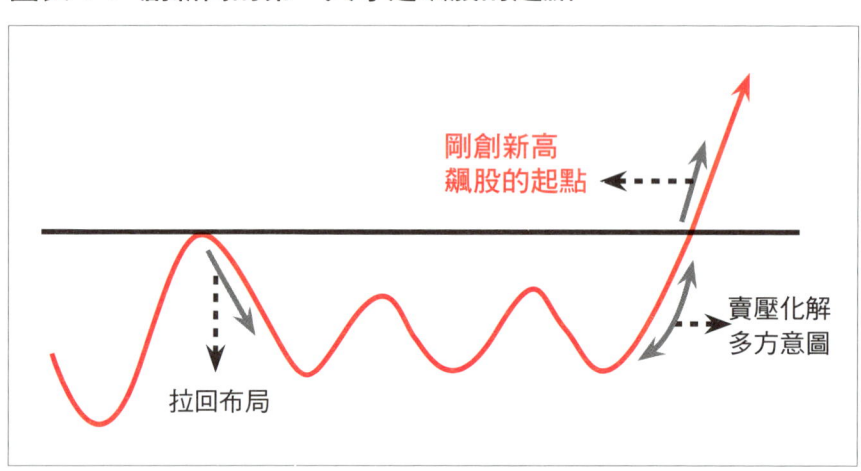

圖表 1-1 創新高的第一天才是飆股的起點

剛創新高
飆股的起點

拉回布局

賣壓化解
多方意圖

不管能不能理解型態突破的關鍵，至少頸線突破很多人都懂。但既然都懂，為什麼大多數投資人交易時，還是不能掌握最佳的買點？問題就出在「學習上的視覺障礙」。大部分的教學都是先給了結果，再談理論，就會形成學習很快、實戰時卻找不到這種股票的狀況。

以沒有任何題材性的宏全（9939）為例（見右頁圖表1-2）。從2023年底開始，宏全（9939）股價整整上漲6成，現在回頭看

PART 1　新手看量，高手看價

圖表 1-2　宏全（9939）股價走勢圖

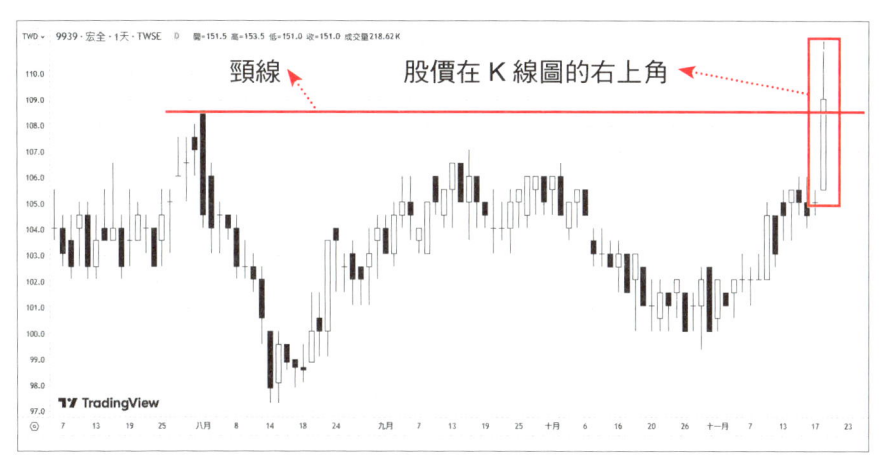

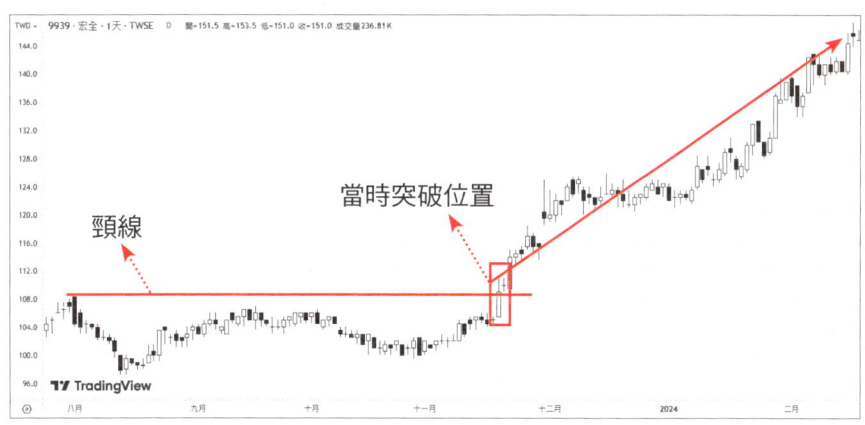

宏全（9939）在 2023 年 11 月 20 日創新高，股價在 K 線圖的右上角（上圖），多數投資人未能看出之後能飆漲。但從 2024 年 2 月回頭看，就可看出股價在創新高後一路上漲（下圖），若能掌握創新高時進場，可收穫這一大段漲勢。

資料來源：TradingView。

51

攀高、續抱、快逃──K線之道

它當時的 K 線圖，立刻就能找到符合技術分析原理的買點，就是「當初頸線突破」的位置。然而真正賺到這段漲幅的人很少，因為若是回到 2023 年 11 月 20 日那一天，我們不會知道當天是進場點，因為沒有任何書籍告訴我們，突破的「那一天」K 線圖長什麼樣子。

只要經常看盤、留意股價突破的表現，就會發現，當突破頸線時，股價會在 K 線圖的右上角。但是人性傾向於買低，加上散戶多半無法自己判斷頸線，就會直覺回到「如果當初低點有買就好了」的心態，這就是明知道「頸線突破」，卻始終無法執行「突破買進」的原因。

一旦買在錯誤的價位而套牢，就會出現急於解套的壓力心理，導致一解套就賣出，結果往往賣在股價剛剛開始轉強的位置。本意是投資，行為卻都在等待解套而已，一個大好的多頭市場，就在「賺一點點、等解套」之中反覆度過。

假如股價是在解套之後，才突破頸線創下新高，大家也不是不懂得在突破頸線時買進，只是多半不願意接受正確買點竟比自己解套價位還高的事實，寧可等待股價下一次回檔，又變回了買低的心理。所以說穿了，都是人性，而不是技巧問題。

02 一眼看出不能買進的時機

某次講座後,一位學員找我聊天,說道:「有些型態,你沒講之前我看不出來,等你講了就能回想起來,還發現原來早就聽過這個型態判斷的教學,為什麼會這樣?」他繼續說:「所以,我最想問的是,要怎樣才能像你,一看到 K 線組合就能夠發現其中關鍵變化所在?」

我們之間的差異在於,我是 K 線講師,每天都與線圖纏鬥,長期經驗累積,自然對 K 線判斷很純熟;而一般投資人,只是學會技巧後就想盡快應用在盤面交易,未必時刻都在觀察,時間久了記憶沉澱,就會產生這樣的落差。想要更熟練的判斷 K 線,我建議從最簡單的方式開始:在 K 線上「一眼看出不能買進的股票」。

股市投資真正該擔憂的,是「錯買了不會漲」的股票,因此降低虧損的第一步,就要從發現「不宜買進」的股票開始。當看懂什麼樣的股票不能買進後,下一步才是判斷買賣位置。

4 種不宜進場的型態

在眼花撩亂的 K 線圖中,有 4 種型態不宜進場,不是股價遲

攀高、續抱、快逃──K線之道

遲等不到回檔,就是越買越跌、越攤越平,包括:黑K吞噬、跳空反轉、高檔區間整理及強烈日出攻擊之後。

1. 黑K吞噬,最常見的反轉訊號

「黑K吞噬」是最簡單、一分鐘就能學會的反轉組合,只要出現這樣的組合,務必優先避開。

所謂黑K吞噬,是由一根黑K包覆了有明顯漲勢、創新高的紅K,表示多方的力量竭盡,是最常見的反轉K線組合。既然是反轉訊號,當然就不宜買進。對於學習轉折組合的人來說,這個反轉很好判斷,但是沒學過的人常會在拉回後加碼,沒想到股價自此持續下跌,在一個好好的多頭市場中,因為看不懂轉折意義而套牢。(見右頁圖表1-3)

紅K形成的力量要素,是「盤中不斷有追高意願」的買盤,對於主力來說,有沒有打算拉成紅K,是開盤前就決定的事,絕非臨時起意,差別只在於,是一波一波的逐步拉上去,還是跳空之後急速拉至漲停。

但出現黑K卻不見得是賣壓沉重,只要股價開始沒有人要拉抬,就會有明顯幅度的回檔,若是位於低檔還再往下破底,就是市場當前沒有資金想買進,喜歡逢低承接的散戶就會越攤越平。

PART 1　新手看量，高手看價

圖表 1-3　士電（1503）股價走勢圖

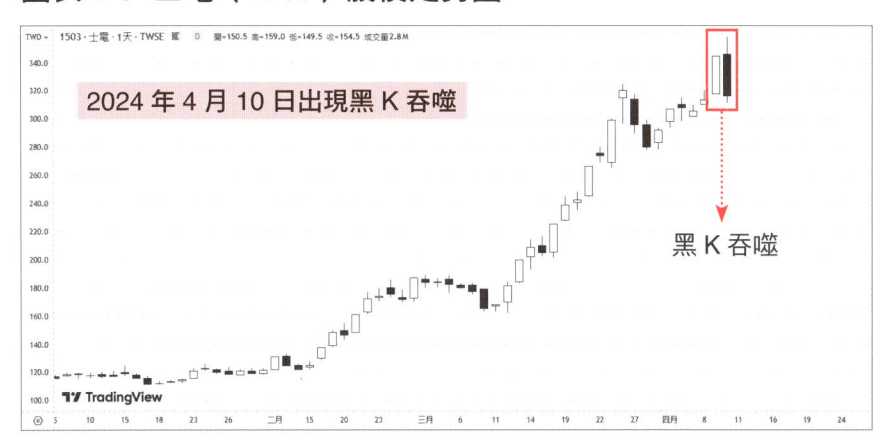

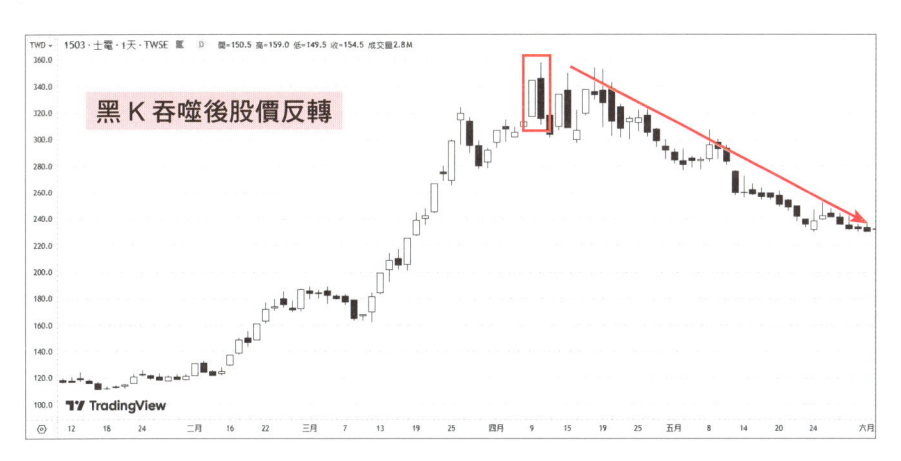

2024 年 4 月 10 日出現黑 K 吞噬

黑 K 吞噬

黑 K 吞噬後股價反轉

士電（1503）在 2024 年 4 月 10 日拉出一支長黑 K，完全覆蓋前一天的長紅 K，形成黑 K 吞噬（上圖），股價隨後回檔超過 3 成（下圖）。

資料來源：TradingView。

攀高、續抱、快逃──**K線之道**

2. 出現反轉組合K線

　　轉折組合基於「力竭原理」，往往出現在股價已經明顯拉抬過後，先是拉出紅K創下新高，隔天反向出現黑K，再隔日開盤直接往下跳空，形成空方轉折組合的「跳空反轉」（詳見第2章第7節）。遇到這個類型的走勢，就算曾經在高檔賣出一波，也不應該進場想要賺價差，因為這時多方已經力量竭盡，不會再攻擊股價。

3. 高檔區間整理

　　區間整理往往給人「箱底買進、箱頂賣出」的假象，但只要仔細想想，股價上漲一定是有人拉抬，散戶在箱底買進之後，誰會願意幫忙拉抬股價，讓散戶在箱頂的高點獲利了結出場？

　　從區間整理的型態可以看出，股價一旦跌破箱底，這個位置便形同頸線，等於進入空方趨勢。假如過去股價有過明顯的拉抬走勢，這次箱型跌破帶來的空頭趨勢，會比想像得更久，當然是不宜進場的型態。以泰碩（3338）的例子，區間整理是事後才看出來的型態，跌破區間之後，股價就進入空方，即使攤平也解決不了套牢問題。（見右頁圖表1-4）

4. 強烈日出攻擊結束

　　當K線出現強烈的「日出攻擊」（詳見第3章），也就是不僅高點、低點都比前一天高，甚至低點還高過前一天的高點，表

圖表 1-4 泰碩（3338）股價走勢圖

泰碩（3338）在 2019 年 8 月下旬進入區間整理，2020 年初股價跌破箱底，空頭趨勢延續超過一年。

資料來源：TradingView。

圖表 1-5 亞翔（6139）股價走勢圖

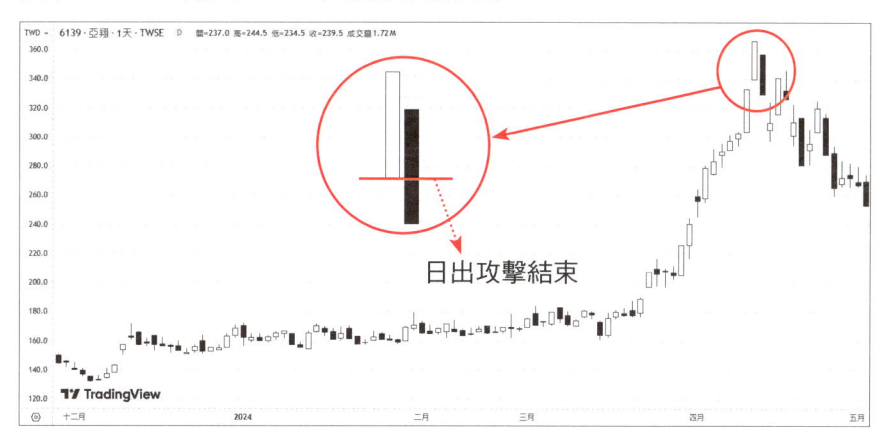

亞翔（6139）在 2024 年 4 月 12 日出現短暫的強烈日出攻擊，攻擊結束後股票下跌逾 4 成。

資料來源：TradingView。

攀高、續抱、快逃──K線之道

示股價出現最強勢的拉抬，一旦日出狀態結束，就不宜進場。以亞翔（6139）為例，通常日出攻擊結束點，也是交易者常用的「移動停利點」。（見第57頁圖表1-5）

　　現在是不是覺得，原來技術分析並不困難，只是人性往往陷於「高檔賣掉，下跌再接回賺價差」的錯誤心態。價差交易重視的是股價拉抬的力量，並非找尋低檔買點，學會基礎K線和轉折組合判斷，就能看出動能和方向，實現操作獲利。

03 創新高的第一天，資金攻擊準備

追高對於大部分的人來說是一種障礙，因為誰都想低買再逢高賣，這樣的心理遇到創新高也就直覺賣掉，不會想到原來創新高的第一天，才是股價攻擊意圖的展現。

價差交易重視的，就是股價到底「有沒有拉抬上去的力量」，也就是所謂的「攻擊」。**飆股的拉升，代表市場上有資金正在用力拉高股價，與大家以為的低檔是股價拉抬機會，完全相反。**

股價上漲的阻礙，往往就是過去的套牢籌碼，以主力的立場來說，要用盡全力的拉升，遇到解套籌碼時就必須照單全收，假設股價上方有 5 萬張套牢籌碼，在拉抬的過程被解套者賣出來，主力就得全數吃下。

那麼，何時上方才會沒有套牢？當然就是股價處在創新高的時候，而攻擊的必經之路，就是「股價創新高的第一天」，這也說明了，股價創新高的第一天，就是資金的攻擊意圖位置。

何為攻擊？漲幅由拉抬資金決定

很多投資人誤以為，股價中期有明顯的漲幅就算是攻擊，

攀高、續抱、快逃——K線之道

其實定義並非如此廣泛,而是侷限在「股價漲幅完全由拉抬的資金決定」之下,才可以稱為攻擊走勢。當股價上方還有套牢的阻礙時,我們無法預測資金到底有沒有意圖突破這個套牢賣壓,既然無法判斷,這段走勢就不能算是攻擊。當出現「創新高的第一天」,接下來有攻擊,就進入攻擊判斷;沒有攻擊、股價又掉下來,就是攻擊失敗。

我們以雷虎(8033)這檔股票來檢視(右頁圖表1-6),2022年11月2日這一天,就是股價創新高的第一天(也是定義上的再突破、突破前高),從這裡開始可以確定,已經沒有任何過去套牢的阻礙,所以股價能否成為飆股,完全掌握在拉抬的主力之中。至於主力會不會用力的拉抬?就得進入「攻擊研判」。這裡同時可以複習一下型態突破的要點,就是股價會在K線圖的右上角。

有興趣學習K線的人,都應該認真檢視市場上出現過的飆股,就會發現,最強烈的拉抬往往出現在創新高之後,也就是上方已經沒有阻礙,才能輕易的推升股價。

股價的攻擊狀態中最強烈的一種,不僅僅是日出攻擊,還是最強勢的連續漲停,當股價真正進入攻擊階段,原理就是不會再拉回,給市場上其他人有低點機會可以買進,這就表示散戶強調的「以後拉回慢慢布局」,只是一種安慰心態。

在創新高的第一天進場後,假如股價如預期拉抬,那麼最重要的事就是不能在拉抬結束前隨便出場,因為一旦錯過這波飆漲走勢,就沒有再上車的機會。

PART 1　新手看量，高手看價

圖表 1-6　雷虎（8033）的股價走勢圖

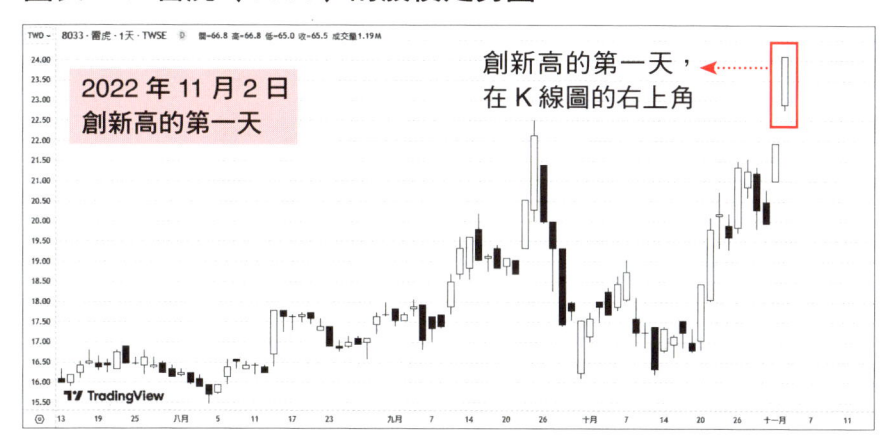

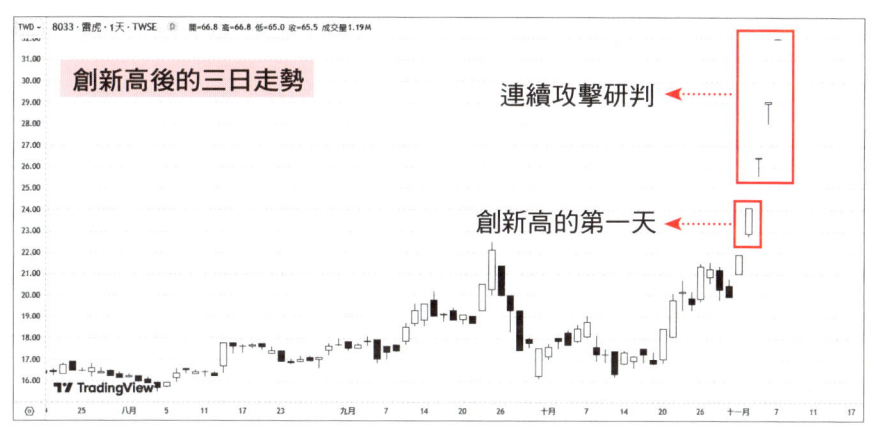

2022 年 11 月 2 日
創新高的第一天

創新高的第一天，
在 K 線圖的右上角

創新高後的三日走勢

連續攻擊研判

創新高的第一天

雷虎（8033）在 2022 年 11 月 2 日創新高（上圖），之後型態突破（股價在 K 線圖右上角），漲幅完全掌握在拉抬的主力手中（下圖）。

資料來源：TradingView。

61

攀高、續抱、快逃——K線之道

圖表 1-7 中鼎（9933）的股價走勢圖

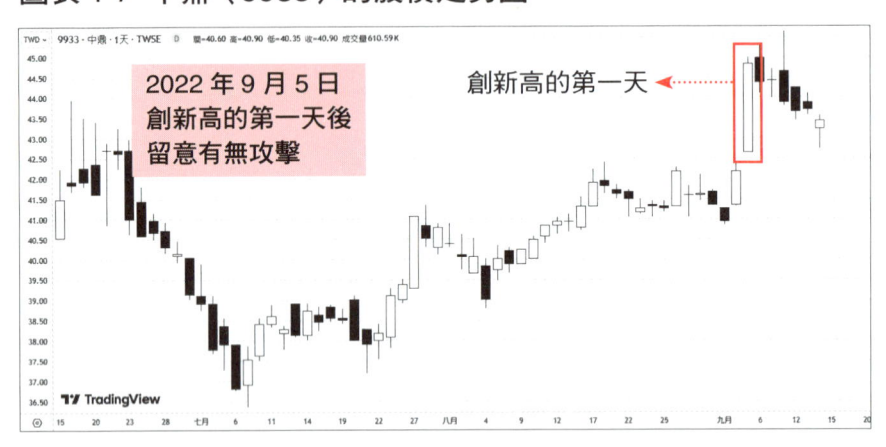

2022 年 9 月 5 日
創新高的第一天後
留意有無攻擊

創新高的第一天

創新高後股價
隔日未展開攻勢

中鼎（9933）在 2022 年 9 月 5 日出現「創新高的第一天」（上圖），但後續股價未展開攻擊，就應及時出場（下圖）。

資料來源：TradingView。

如果**創新高之後，股價並沒有攻擊**又該怎麼辦？這個狀況反而問題不大，**只要出場就好，也就是「停損」**。原因很單純，股價不攻擊，就沒有留著做價差的意義，不要把時間花在等待沒有拉抬跡象的機會。

中鼎（9933）在 2022 年 9 月 5 日股價突破，很明顯隔日就開始拉回，呈現「沒有要攻擊的意思」。既然沒有要攻擊，就沒有必要做價差交易，這是交易者必須具備的 K 線力量認知，也剛好與投資人慣性以為的「拉回逢低承接」完全相反。（見左頁圖表1-7）

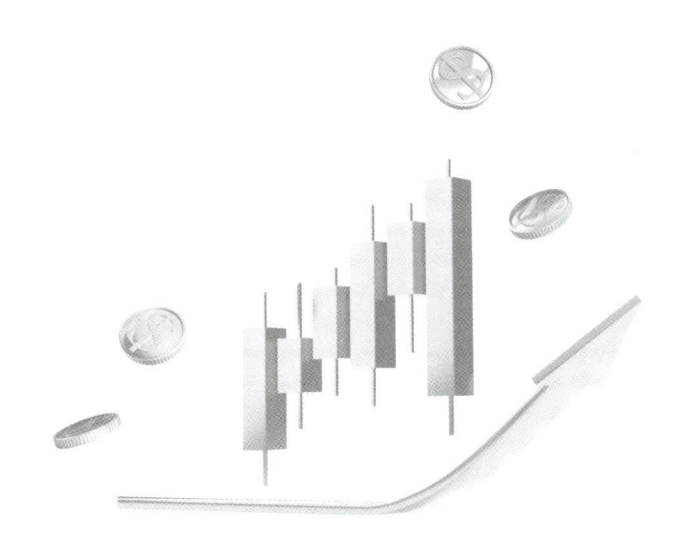

04 價不會騙人，量才會

我剛開始從事 K 線教學時，為了讓學員更加專注在判斷 K 線的力量上，會先把 K 線圖裡的所有均線、成交量都移除，只留下最純粹的 K 線形狀放大講解，結果經常有學員問：「成交量不重要嗎？均線不重要嗎？」而我的解釋都是：「重要，但不是你以為的那種重要。」

多數人在學習 K 線時，始終擺脫不了「價量背離，賣出訊號」這種傳統思維，但隨便找個例子都可以發現，價量背離這種說詞是錯誤的。

我們先理解「背離」的意思。所謂背離，是一種「不合理」，也就是理論上應該要這樣，結果卻沒有這樣。因為是不合理的現象，就常被當作獲利了結的藉口。以亞翔（6139）為例，實務上當股價再次突破前高，股價和成交量本來就是會背離，因為前一次高點是主力正在拉抬，散戶當時不願意追高，所以當股價再次突破前高時，籌碼本來就在主力手上，又何需「價漲量增」？（見下頁圖表 1-8）

然而那些不敢追高買進的人，這時就會用價量背離來解釋不宜進場；想要賣高解套獲利了結的人，也會用價量背離來支持自

攀高、續抱、快逃──K線之道

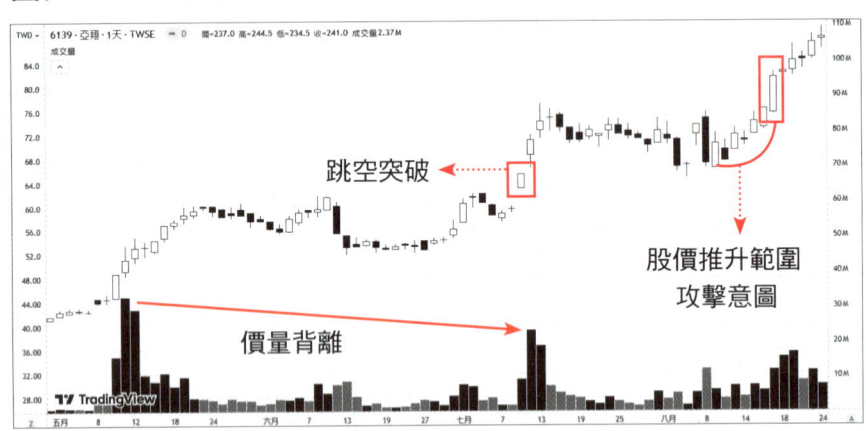

圖表 1-8 亞翔（6139）的股價走勢圖

亞翔（6139）於 2023 年中出現兩次股價攻擊意圖，主力拉抬力量明顯，但成交量減少，呈現「價量背離」，若此時選擇出場或觀望，將錯過後續漲勢。

資料來源：TradingView。

已先賣一波的想法，結果就是錯過最飆的行情。

　　我們再以疫情時期的南帝（2108）說明。當時醫療手套原料需求大增，帶來股價狂噴，先有黑K包覆，但 5 個月後又再次突破，但成交量卻與股價背離，成為投資人不願追高的理由。然而大家以為的「價量背離」，卻是飆股的起漲點，之後不到 1 個月時間，股價飆漲近 1 倍。（見右頁圖表 1-9）

　　「量不會騙人」只是一種迷惑人心的說法，事實上，價格才是最真實的存在，尤其現股當沖交易稅減半，有更多主力**利用當沖製造交易熱絡假象，由此可見成交量真的會騙人**。

　　主力會順應趨勢，不會在大盤才剛開始空頭就去攪動股價，但他們也未必懂得短期市場的變化，所以常會遇到才正要開始拉

66

抬，大盤卻連跌數日的窘境。這時主力的應對方法都會反映在 K 線上，他們一旦把股價攻擊上去，若遇到大盤氣氛不佳，必須花錢把股價堅守在一定的價位之上，這就是判斷資金力量的原理。

圖表 1-9 南帝（2108）的股價走勢圖

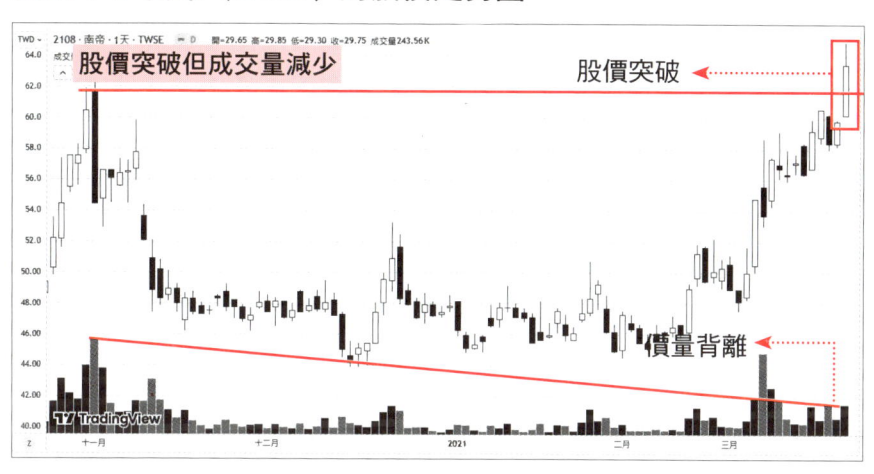

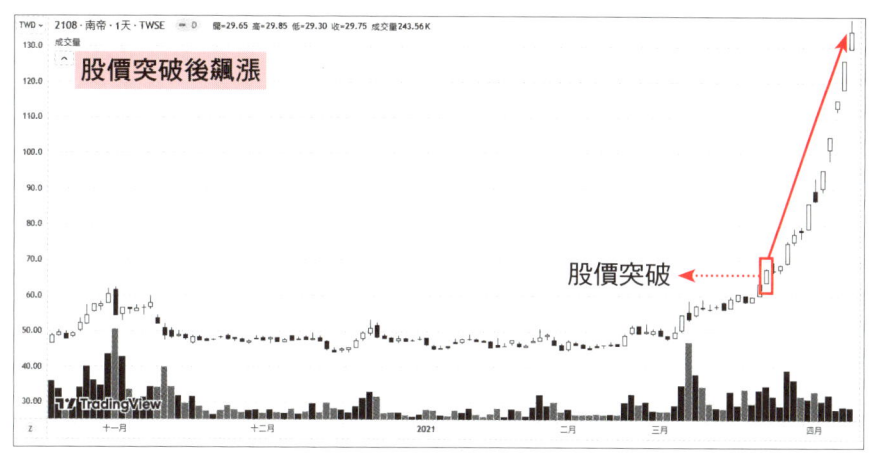

南帝（2108）股價在 2021 年 3 月 22 日突破 5 個月前的黑 K 吞噬，成交量卻減少（上圖），之後不到 1 個月時間飆漲近 1 倍（下圖），沒有價量背離的說法。

資料來源：TradingView。

PART 2

股票要漲，
需要資金的力量

01 | 看出主力操盤軌跡的 4 種 K 線

　　K 線是金融市場中最偉大的發明，盡可能的記錄著一天之內的交易狀況，透過 K 線，可以發現過去的股價變動狀態。常有人說 K 線是落後指標，這個觀念並不正確。K 線代表買賣的撮合紀錄，當股價來到某個價位，代表有人賣出、也一定有人買進，每個成交價格都會被 K 線記錄下來，而任何虛掛單（高掛的賣單、低接的買單）只要沒成交，都不會顯現在 K 線上。因此，股市裡真真假假的訊息很多，只有 K 線不會騙人。

　　對於一般投資大眾來說，K 線是最實用且能透過學習進步的技術能力，既能用來判斷多空趨勢，還可以辨別資金力量的轉變位置。面對股價波動瞬息萬變，散戶常一猶豫，就錯失最好的進出場時機。會猶豫，並非沒學好技術分析，而是沒有熟練到讓判斷成為本能。

突破頸線的關鍵 K 線，資金準備進場

　　K 線理論裡有一根很重要的「關鍵 K 線」，就是「改變趨勢」的第一根 K 線。投資人最關心的，是未來趨勢向上還是向下，所

攀高、續抱、快逃──K線之道

以突破或跌破頸線的那一根，都是關鍵 K 線。

圖表 2-1 是三陽工業（2206）股價在 2023 年 4 月 10 日突破頸線的走勢圖，行情將由盤整轉為多頭，因此被定義為趨勢改變，這根紅 K 也就是關鍵 K 線，若發生在續優股上，可能就是千載難逢的進場機會。

順帶一提頸線跌破的例子，右頁圖表 2-2 是力積電（6770）在 2023 年 4 月 10 日跌出關鍵黑 K，頸線跌破趨勢改變，股價自此走入空方。

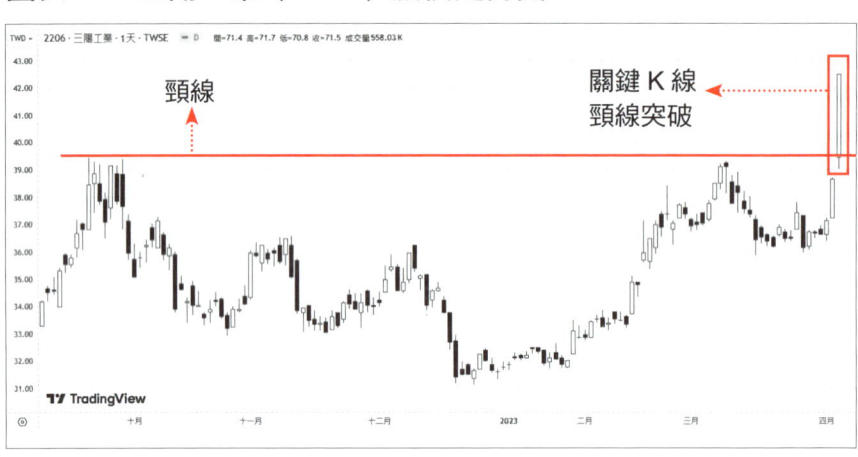

圖表 2-1　三陽工業（2206）股價走勢圖

三陽工業（2206）股價在 2023 年 4 月 10 日突破頸線，拉出關鍵紅 K，行情由盤整轉為多頭。

資料來源：TradingView。

圖表 2-2 力積電（6770）股價走勢圖

頸線

關鍵 K 線
頸線跌破

力積電（6770）在 2023 年 4 月 10 日頸線跌破，拉出關鍵黑 K，股價自此走入空方趨勢。

資料來源：TradingView。

創新高的第一天，攻擊意圖明顯

當股價完成對「過去賣壓的化解」，開始進入沒有賣壓的階段，且呈現有幅度的拉抬，來到「創新高的第一天」，就是具有攻擊意義的 K 線。

散戶通常以為這時買進就是追高進場，風險很高，然而股價其實沒有真正的高低標準，創新高價之後往往還有更高價，創新低價後也可能還會更低，這是因為股價由市場的資金決定，不能以漲多或跌深作為該買還是該賣的標準。

以下頁圖表 2-3 的啟碁（6285）為例，季線翻轉上彎後，波

攀高、續抱、快逃──K線之道

動狀態的前一次高點就是頸線。如果不清楚頸線的定義，會以為在創新高價時買進就是在追高，認為寧可買進還在低檔的股票較安全，但這樣就會錯過型態突破的買點，無法參與資金攻擊帶來的飆漲機會。

圖表 2-3 啟碁（6285）股價走勢圖

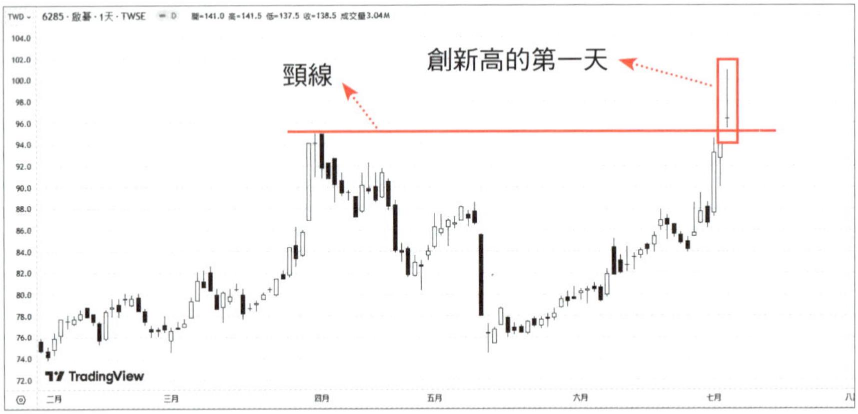

啟碁（6285）在 2023 年 7 月 5 日創新高，頸線突破，此時買進並非追高，反而有機會參與飆漲。

資料來源：TradingView。

主力積極防守的「一條線」

雖然主力握有大量資金，對個股股價有控制能力，但操盤一樣會遇到大盤盤勢不好的時候。假如主力已經開始攻擊拉抬某一檔的股價，大盤整體卻剛好出現弱勢下跌多日，甚至是市場氣氛

悲觀的崩跌，這時 K 線就能看出股價有沒有主力在防守。

如三陽工業（2206）在 2023 年 4 月分已經展開攻擊，剛好遇到大盤 6 天內有 5 根黑 K。怎麼看？有兩大重點：第一是大盤已連續多日呈現弱勢，市場偏向悲觀；第二是股價本來就已經在攻擊狀態，明確防守在某個價位之上，表示主力持續積極防守。（見下頁圖表 2-4）因此，此時不一定要找「逆勢拉抬」的個股進場，反倒是 K 線上沒有逆勢上漲，但「具備防守姿態」的個股，往往是價差交易更好的選擇。

多根跌破的黑 K，是主力獲利了結

如果你是主力，會選擇何時大量賣出持股？是市場氣氛悲觀、美股大跌時？還是交易熱絡，散戶放鬆戒心時？

假如大盤近期走勢沒有向下反轉或急跌，個股卻在拉抬過後逐步轉弱，連續出現下跌的短小黑 K，代表主力之前的拉抬已經完畢，只不過還沒有大量出貨而已。等到再出現多根重要位置跌破的黑 K，便是主力已獲利了結。

此時絕對不要抱持「高檔先賣一波、等拉回出現低點再買回做價差」的心態，賺價差的本質，是持有正在拉抬的股票，而不是等拉回後慢慢買進布局，這時主力已經離開市場，沒人拉抬股價，自然賺不到價差。

攀高、續抱、快逃——K線之道

　　同樣再以上漲過後的三陽工業（2206）來看，股價開始明顯幅度的回檔，通常代表主力已經沒有再拉新高的意願，股價沒有再拉抬的力量。（見右頁圖表2-5）

圖表 2-4　三陽工業（2206）對比台股大盤走勢圖

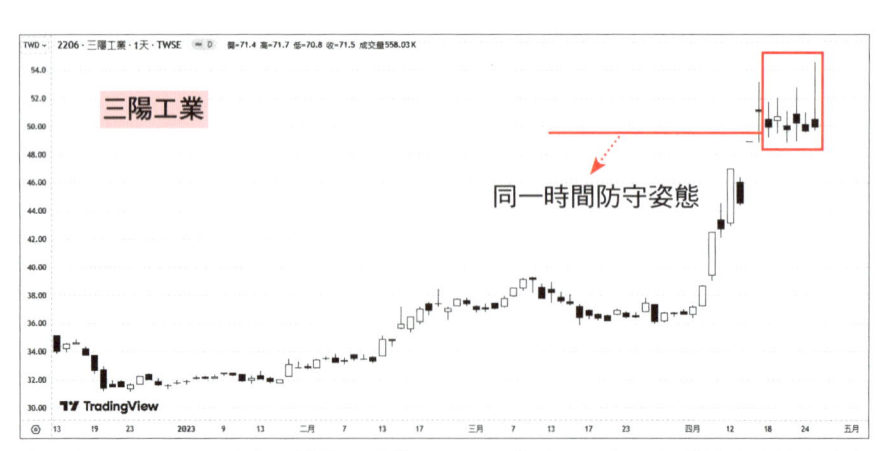

台股大盤

大盤6天5黑K，
行情開始悲觀

三陽工業

同一時間防守姿態

台股自2023年4月中旬開始呈現弱勢，三陽工業（2206）股價維持在高檔未隨之下跌，可判斷有主力防守。

資料來源：TradingView。

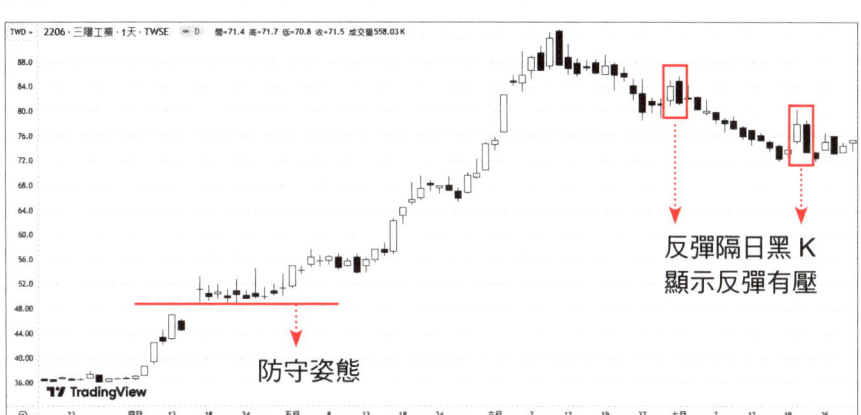

圖表 2-5 三陽工業（2206）股價走勢圖

防守姿態

反彈隔日黑 K
顯示反彈有壓

三陽工業（2206）在 2023 年 4 月開始飆漲，6 月中旬逐步轉弱，即是主力已獲利了結離場。

資料來源：TradingView。

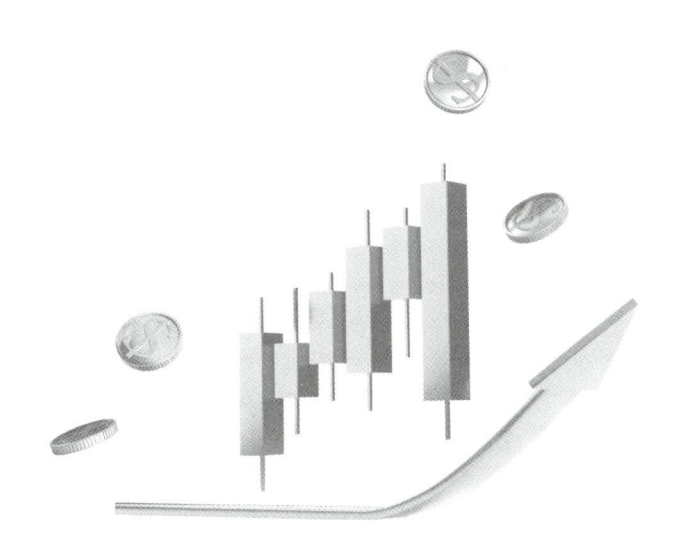

02 資金進駐，股價才會飆

股價要出現強勢拉抬，需有資金不斷進駐追高買進。從 K 線發現資金的動能並不難，因為散戶沒有能力聯合起來拉抬股價，也不願意輕易追高，所以當股價呈現強勢拉抬時，就是資金力量的展現。此外，成交量也與資金動能有關，成交張數可以作為拉抬成本判斷。

資金影響股價變化的要素有二：力量與成本。技術分析的原理就是基於這兩個要點來運行。**力量是指追價的意願，成本則是防守意願**。當股價進入攻擊階段，有追高意願的資金就會把股價往上推升；若股價僅僅是波動，沒有明顯拉抬，進場的資金就是付出防守成本；如果跌破，表示資金已經開始退卻。

當大盤氣氛悲觀或行情處於弱勢，股價卻能出量守住一定的位階，勢必是主力概括承受所有賣單。從下頁圖表 2-6 可以看出，大盤連續 6 天弱勢，主力持續防守價位，這段期間的成交量越大，表示主力耗費的資金越多，之後股價拉抬的幅度往往也就越大，因為主力既然已在防守區段吃下這麼多籌碼，又怎麼可能不好好的拉抬一波？

攀高、續抱、快逃──K線之道

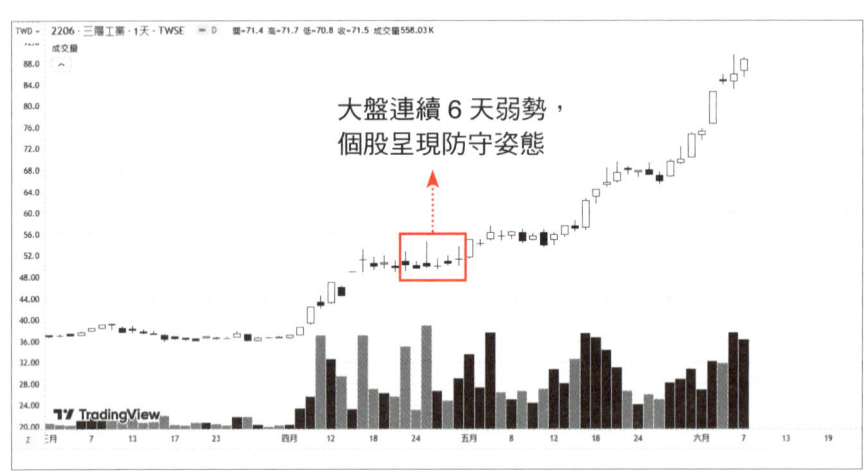

圖表 2-6 三陽工業（2206）股價防守位置圖

大盤連續 6 天弱勢，
個股呈現防守姿態

主力在 2023 年 4 月時積極防守三陽工業（2206）的股價，帶出之後的股價大幅度拉抬。

資料來源：TradingView。

便宜價跟「會漲」相互矛盾

　　觀察 K 線圖，就是在辨別哪個階段是由資金動能主導漲跌，哪一階段沒有。許多人以為買進找支撐點，賣出找壓力點，這其實是錯的，因為最強勢的飆股若處於拉抬階段，上方根本沒有壓力，經常會在創新高之後繼續再創新高，而弱勢股支撐不一定撐得住。

　　投資人對於被套牢的股票，常會慣性的想找低檔支撐再加碼攤平，完全不懂市場上的主力、強勢族群，正在採取怎樣的攻勢拉抬股價。看盤不能只盯著自己的庫存股，而是必須審慎檢視市

場上所有股票,尤其是出現資金動能的個股,那些才是波段操作的最好標的。

很多人買股,想找股價相對便宜又會漲,但透過股價漲跌的資金原理會發現,「價格便宜」跟「會漲」這兩件事相互矛盾,因為當有資金拉抬的力量時,價格就不會還在低檔。

> **TIPS** 「箱底買進賺價差」錯在哪?
>
> 投資人都很在乎自己的買進成本,和萬一下跌可能出現的損失,但這是只站在散戶的角度看待股價漲跌。以拉抬主力的立場,股價拉高之後,散戶多半不會立刻追高買進,這代表主力在短期之內也出脫不了,此時他們會採用長時間的盤整或者區間震盪,營造出「可以低買高賣、來回操作」的假象,讓散戶漸漸養成「可以箱底買進賺個價差」的習慣,往後凡是遇到拉回就會進場承接,形成錯誤的投資決策。

03 創新高的上影線，就是最好的買點

　　上影線是在 K 線上方一根長長的細線，出現上影線時，散戶多半認定是股價從高檔跌落，賣壓沉重，尤其股價進入高檔後，投資人傾向獲利了結，盡快入袋為安，此時若剛好出現上影線，就會讓人以為上影線等於有賣壓（相對的也會認定下影線代表支撐，詳細見第 2 章第 4 節），但事實剛好相反，創新高的上影線代表著盤中「出現過攻擊力量」。

上影線是主力短暫縮手

　　股價創新高的第一天，散戶多半不願意追價，所以股價在創新高時如果繼續出現長紅，通常是主力刻意為之，不會是散戶聯合起來追價形成。而出現上影線，是股價漲上去，大資金卻短暫縮手，導致股價又掉了下來，因此創新高的上影線，代表有新高價，然後主力被套住。

　　以下頁圖表 2-7 的啟碁（6285）股價走勢圖，看創新高的位置可以確定，任何持有這檔股票的人都沒有被套牢，也就是這張 K 線圖可以看出，股價並不存在任何賣壓。盤中股價來到 111 元

攀高、續抱、快逃──K線之道

時呈現紅K，一般人看到這樣的狀態只會後悔自己當初沒有低檔買進，卻不曾思考，這反而是你進場的最好時機。

創新高的上影線，代表當日把股價拉上去的主力資金，收盤時被套住了，不過他們就算被套住，也會自己想辦法解決。因此，這樣的K線不代表賣壓沉重，只是當天的強勢沒有一直延續到收盤而已。

攻擊的意義是股價一飛衝天，所以真正有攻擊意願的股價，不會在剛突破新高時又馬上回頭，讓那些來不及低買的人有機會承接，在K線判斷上，如果股價突破後馬上又回檔，等於讓來不及低接的散戶又有一次機會進場，這樣就不會是攻擊。**真心要拉抬股價的主力，不會讓散戶再有一次回檔低買的機會。**

圖表 2-7 啟碁（6285）股價創新高持續攻擊上揚

啟碁（6285）2023年7月5日創新高並留下上影線，之後股價沒有再回頭，可見上影線並不等於有賣壓。

資料來源：TradingView。

PART 2　股票要漲，需要資金的力量

不在創新高的上影線，無須理會

假如上影線出現的位置，並不是在股價創新高時，那只不過是盤中震盪而已，這根K線就沒有判斷的意義。

K線圖可以用來檢視過去走勢中套牢賣壓的所在，尤其高檔出現的套牢區是實質的壓力，沒有主力會願意幫套在高檔的散戶解套，所以股價碰到壓力區就開始回檔，是常見的股價遇壓反應下跌。以信邦（3023）為例（見圖表2-8），沒有在創新高位置的上影線，就沒有攻擊意義，也就得考慮套牢賣壓。

投資人常會事後解讀，覺得高檔時沒賣股很可惜，或是在高

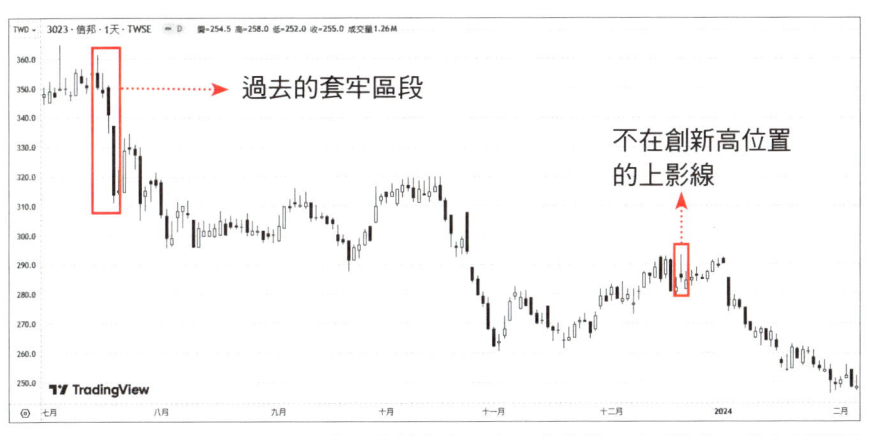

圖表 2-8　信邦（3023）股價走勢圖

信邦（3023）在2023年10月出現高檔套牢區段，之後進入空頭趨勢，若在低檔買回持續攤平，就會形成長期套牢。

資料來源：TradingView。

85

攀高、續抱、快逃──K線之道

檔附近賣出,之後再撿回,認為這樣就是在做短線價差。但面對沒有主力拉抬的個股,這種高賣低買回做價差的風險極大,因為抱持低買的觀念,在股價更低時就不可能賣掉,還可能低檔攤平,甚至抱持已避開一小段跌勢的想法來自我安慰,一旦股價進入空頭趨勢,就會變成持有了整個主跌段,長期套牢。

所以,投資人的盲點並非不會賣股,也不是市場俗語說的「會賣才是師父」,而是買在了不該進場的價位。

04 出現下影線，不等於股價有支撐

誤以為上影線代表股價進入壓力區的人，就會直覺的認定，下影線代表股價有支撐，這兩個觀念都不正確。

下頁圖表 2-9 及 2-10 分別是上、下影線的盤中走勢，上影線的走勢是股價先上後下，先形成紅 K 後再往下回跌；下影線則相反，先下跌，再往上走。對於這兩個走勢的上漲段來說，都需要資金往上拉抬，不同之處在於，拉抬股價的人在收盤時被套住了，所以形成上影線；而下影線則是拉抬股價的人在收盤時獲利，既然是獲利，資金就沒有壓力，可以賣也可以不賣。

沒有「打第二隻腳」這回事

當市場氣氛悲觀，新聞媒體、投顧老師、主流媒體網紅為了吸引注意，會在股市明顯下跌時，用錯誤的「打第二隻腳」概念，當作 K 線圖上的支撐來解釋行情，但這第二隻腳很快就再被跌破，不僅如此，股價還繼續往下一路大跌。最經典的例子是 2020 年初的台股（見第 89 頁圖表 2-11），曾經歷 5 次下影線才止跌，等於從第二隻腳虧損到第五隻腳，可見根本沒有第二隻腳這回事。

圖表 2-9　上影線的盤中走勢

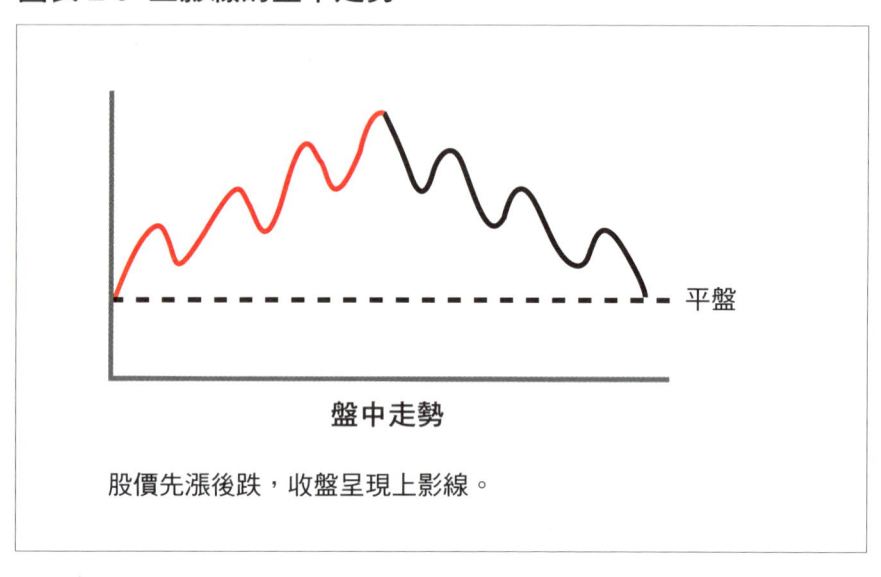

盤中走勢

平盤

股價先漲後跌，收盤呈現上影線。

圖表 2-10　下影線的盤中走勢

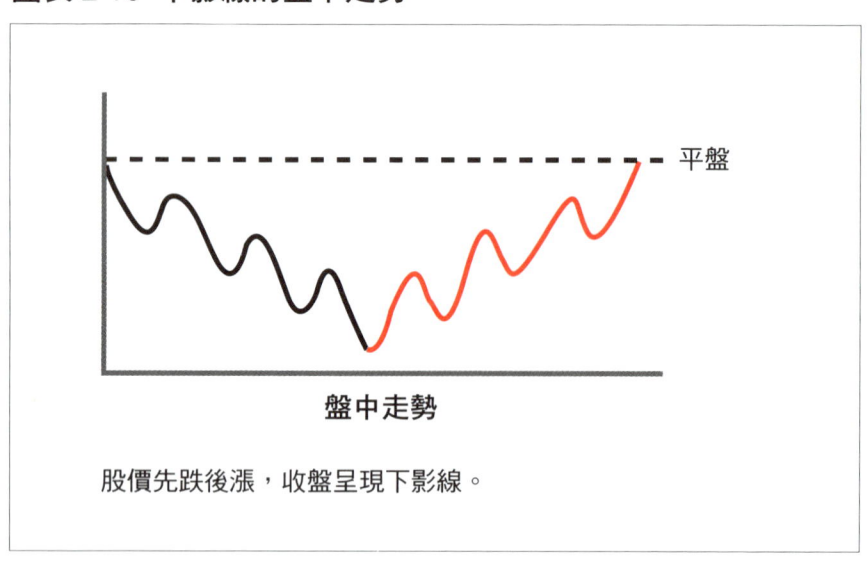

盤中走勢

平盤

股價先跌後漲，收盤呈現下影線。

PART 2　股票要漲，需要資金的力量

圖表 2-11　台股大盤走勢圖

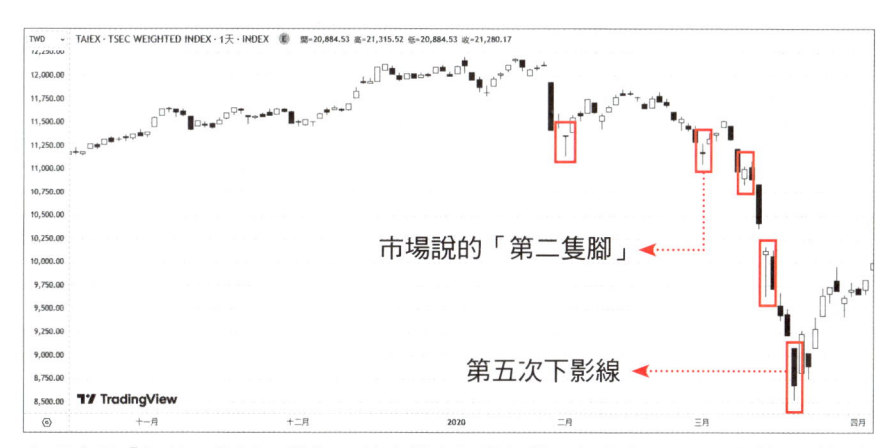

市場說的「第二隻腳」

市場說的「第二隻腳」

第五次下影線

市場會用「打第二隻腳」當作 K 線支撐來解釋行情，但從台股 2020 年第 1 季打出第二隻腳後持續重跌，可看出這是錯誤觀念。

資料來源：TradingView。

攀高、續抱、快逃——K線之道

除了第二隻腳的謬誤，散戶還容易被下列說法迷惑：

1. 均線都「有支撐」？不一定

要辨識某個價位是否有支撐，必須先確定這個位置有資金進場，例如：十年線是國安基金授權進場的法定要件，一旦跌破，國安基金便會出手護盤，因此可視十年線為有支撐力量；必須排隊抽籤才能搶到的現金增資價格，也可視為有支撐，因為若是即將跌破，可能會引起當時具有認購資格的大股東們進場，或曾經錯失抽籤機會的人買進。

至於月線、10日線、5日線等，這些隨意一段期間的平均收盤價，自己從未用這些均線買股票，若是也當成有支撐，那就是一廂情願了。

2.「主力拉高出貨」不合邏輯

投資人遇到股價上揚，會想賣出獲利了結，或者眼看大漲不敢追高，往往會找藉口解釋自己的行為，「主力拉高出貨」就是其中一種。

紅K形成，建立在盤中有追高意願的買盤大量進場，一般散戶通常不願意追高，所以創新高後的拉抬，自然不是散戶所為。

既然拉高股價需要資金，拉得越高、越花錢，就表示主力買進很多之後，又再買進更多，那麼，怎麼可能在拉高股價的同時又出貨？而且，如果連一般散戶都在高檔賣股獲利了結，不願意

追高進場,把股價拉得這麼高又能出貨給誰?(詳細見第 5 章第 2 節)

3.「築底現象」是自我安慰

一檔飆股的必經之路,就是突破、創新高,換句話說,也就是賣壓化解過後,股價突破頸線。人們不敢追高,卻想從低檔中找到飆股的蛛絲馬跡,於是「築底現象」就變成好像會飆的前兆,但這是事後推論。

股價的快速飆升,會讓過往的波動看起來變得很小,所以時間拉長回頭一看,好像曾經有個底部,而實際上,那個區間的幅度在當時還是很大。只要試想,有沒有哪一種築底過程,是讓所有人都看到了並且進場,之後市場才出現一股力量幫大家拉抬股價,讓所有人都賺錢?當然不可能。既然沒有這種底部,又為何總在觀察有沒有築底完成?這種為了替低檔進場找充分理由的心態,最大的風險就是「築底不成變破底」。

4.「不能做多也可以放空」是哄騙話術

投顧界很喜歡用「不能做多也可以放空」這句話來哄騙散戶,因為空頭時大家都不敢進場,只好強調放空也是一種可以賺錢的操作模式。

股價要漲,一定要有攻擊的資金進場,盤面走勢可以看出有錢追高,但股價下跌,卻不一定要多單殺出,只要沒人買就能出

攀高、續抱、快逃──K線之道

現一根黑K,而這就是「做多容易、放空難,做多上漲緩慢、放空下跌快速」的原因。

　　一旦觀念錯誤,就容易做多被殺多、放空被軋空,若不具備兩邊都能判斷的實力,就會想「逢低買進、逢高放空」,最終只會被「多空雙巴」(註:形容追高買入後遇到下跌,賣出後又遭遇反彈,多空兩方趨勢都虧損,像被市場打了兩巴掌),就算有再多錢也不夠輸。

05 長十字線加成交量大，主力下重本

　　十字線是多空力量的對決，簡單區分為兩種：上下影線都短、上下影線都長，代表中繼休息、轉折或延續。短十字線屬於多空觀望的型態，若隔天股價往下走，就代表獲利了結、賣壓出籠。相對的，長十字線是當日多空激戰，判斷時必須思考，在股價創新高時，誰最在乎股價不能跌？當然是已經持有很多籌碼的攻擊方。這股力量在長十字線出現的這一天，還很刻意的花錢讓股價不跌，既然已經下了重本，當然要繼續攻擊創新高。

　　接下來要留意的是成交量。以下頁圖表 2-12 亞聚（1308）的股價走勢圖來看，創新高當天出現「長十字線」，成交量超過 6 萬張算不小，這絕不是散戶集結力量一起買進，代表盤中有過攻擊力道，隔天股價就往上跳並展開拉抬走勢。亞聚不是冷門股，股價也還沒有漲到不可理喻的程度，所以隔天可怕的 16 萬張成交量之後，依然維持著每天 8 萬張的熱度。

　　第 95 頁圖表 2-13 的建準（2421）也是一例，在 2023 年 7 月 18 日創新高後，隔天即出現長十字線，成交量超過 7 萬張，股價隨後也出現一波攻擊。

　　長十字線代表的是多空交戰，股價創新高的位置就是主力的

攀高、續抱、快逃──K線之道

拉抬,若是誤解了長十字線的意義,就會錯過這樣的漲勢機會。

圖表 2-12 亞聚(1308)股價走勢圖

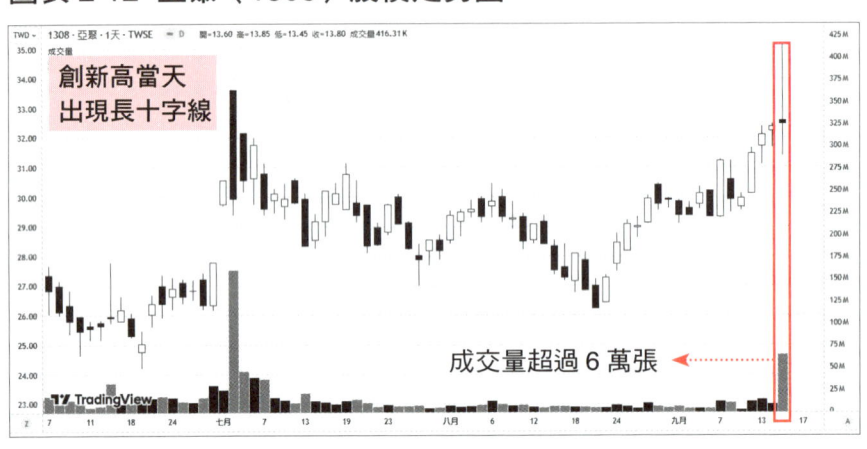

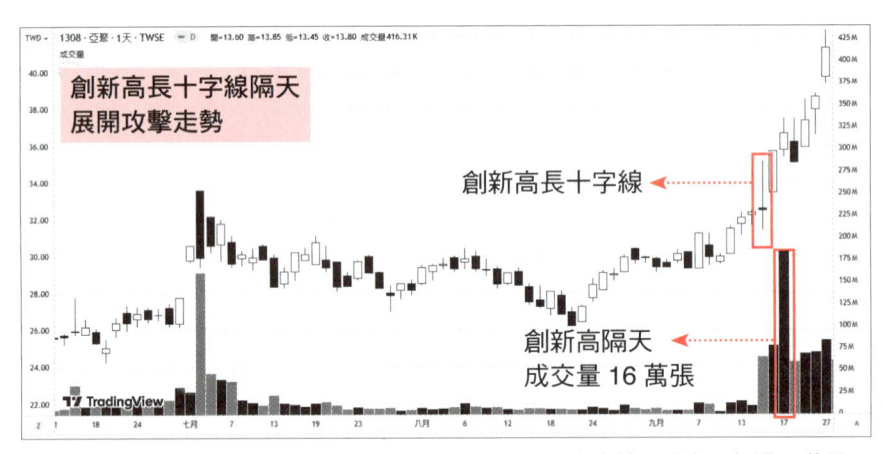

亞聚(1308)在 2021 年 9 月 15 日創新高當天出現長十字線,成交量超過 6 萬張,代表盤中有過攻擊力道,隔天股價展開拉抬走勢,在 16 萬張成交量之後,維持每天 8 萬張的熱度。

資料來源:TradingView。

PART 2　股票要漲，需要資金的力量

圖表 2-13　建準（2421）股價走勢圖

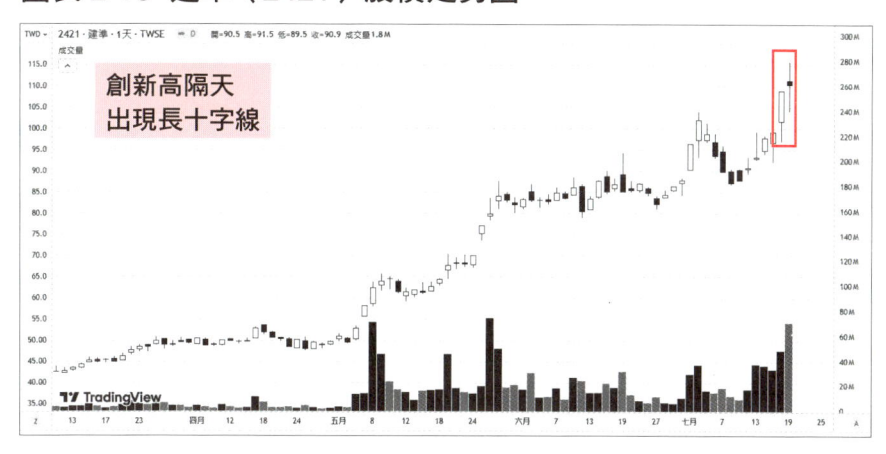

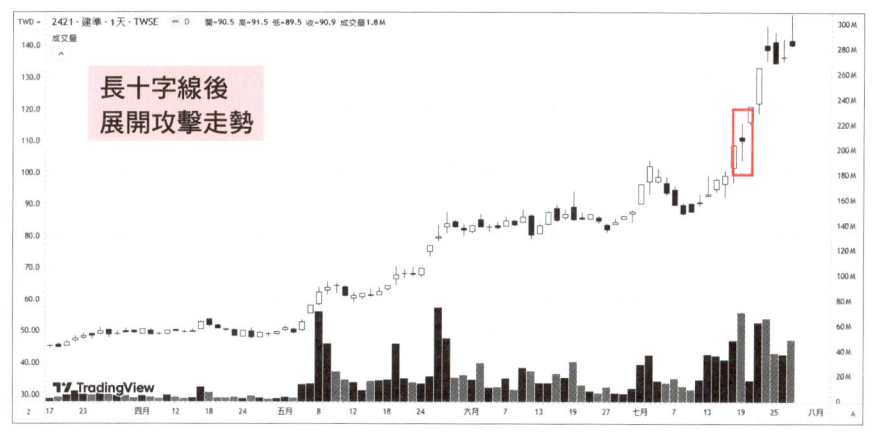

建準（2421）在 2023 年 7 月 18 日創新高後隔天出現長十字線，成交量超過 7 萬張，股價隨後出現一波攻擊。

資料來源：TradingView。

06 | 高檔黑 K 之後，誰來拉抬股價？

　　K 線最有趣的地方在於，人人都看得到，卻不見得找得到重點。當持有股票時，就期待看到紅 K 出現，不管這根紅 K 的狀態如何，只要股價上漲就滿意了。黑 K 則是處處惹人嫌，只有那些前一天賣掉股票的人，才會喜歡黑 K。

　　紅 K 出現，代表盤中有買盤不斷追高，假如這根紅 K 是在創新高時出現，就代表多方力道很強。黑 K 雖然不討人喜歡，卻是避開風險的重要依據。黑 K 在高檔區域出現，代表的是賣壓沉重，且有極大機率就是獲利了結賣壓，而獲利了結表示原本拉抬股價的多方已經消失，而且還變成賣方，等於力量的反轉。

　　下頁圖表 2-14 中，倉和（6538）在高檔出現長黑 K，代表獲利了結賣壓，同時也是股價遇壓的反應，因為它在 2020～2021 年間還有更高檔的套牢。此外，既然是獲利了結賣壓，勢必伴隨大成交量，其中包含許多想要拉回進場的散戶，和不甘心前一天才買、今天就損失的人又加碼，顯示回檔過程中產生許多游離籌碼，假如馬上反彈，這些短線心態的多單就會賣掉。既然如此，當然沒有人會去拉抬幫別人賺錢，說明了為何股價後續直直落。

　　而這也是為什麼散戶做短線交易經常心態崩潰，總是抱持低

攀高、續抱、快逃──K線之道

圖表 2-14 倉和（6538）股價走勢圖

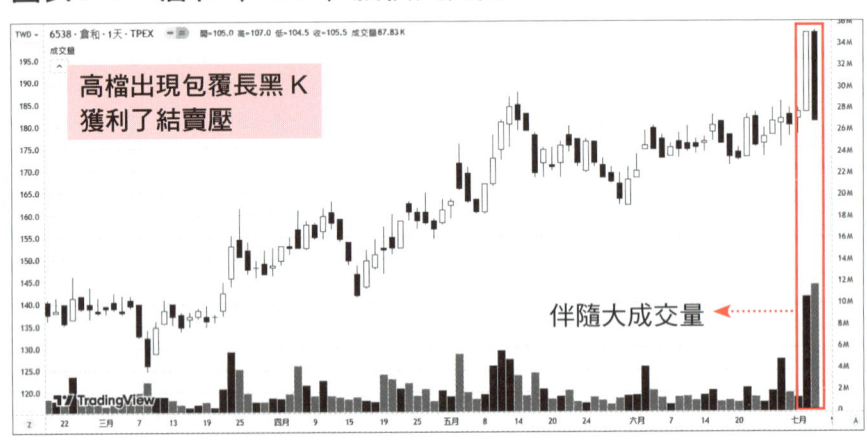

高檔出現包覆長黑 K
獲利了結賣壓

伴隨大成交量

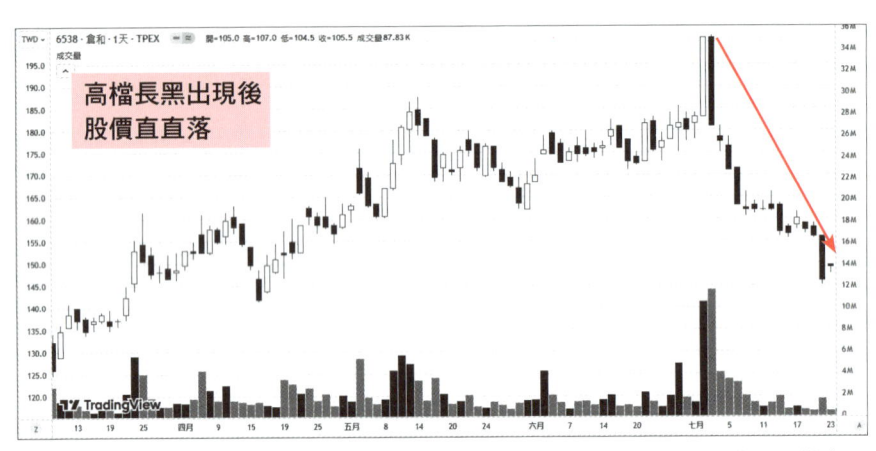

高檔長黑出現後
股價直直落

倉和（6538）在 2024 年 7 月 3 日出現高檔黑 K，且成交量大，顯示獲利了結賣壓沉重。

資料來源：TradingView。

買、拉回買、回檔承接的心理，利用短線攤平成本，一廂情願的以為股價以後總會有人拉上去，只要有漲就出場，我必須再次提醒：若你是主力，願不願意當個盤子讓短線客賺價差？

下頁圖表 2-15 的宜特（3289）高檔長黑也是如此，伴隨大成交量的長黑，代表持有多單的力量一天之內快速大幅殺出，這是給前一天來不及買的散戶更低價的承接機會嗎？K 線的原理當然不是拉回買進。

除了賣壓沉重，也就是市場俗稱的「殺盤」，黑 K 也可能只是沒有買盤願意承接。前者通常出現在高檔，後者往往在低檔區域，也就是假如黑 K 出現在股價破底的位置，原因就只是沒有資金願意承接而已。

力積電（6770）在 2024 年 1 月 8 日進入空方趨勢，3 個月後出現低檔長黑 K，即是因為資金不願承接，這點從當天成交量並未增加也能看出（見第 101 頁圖表 2-16）。

面對 K 線，觀念上保持買低、賣高的人，往往會錯過漲幅最大的一波，然後擁抱崩跌。漲時重勢，人人都知道，卻很難做到，只要能從 K 線的力量認清這個觀念，賺錢就變得簡單了。

攀高、續抱、快逃──K線之道

圖表 2-15 宜特（3289）股價走勢圖

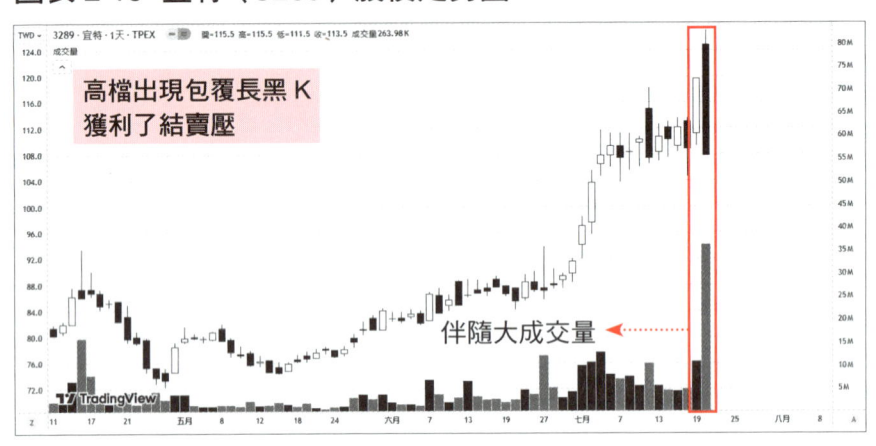

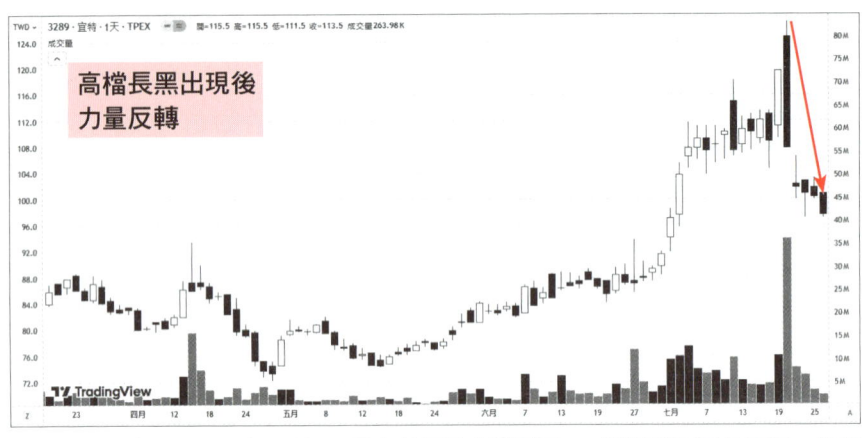

宜特（3289）在 2023 年 7 月 20 日出現暴量高檔長黑K，顯示獲利了結賣壓，股價在 4 天內暴跌超過 30 元。

資料來源：TradingView。

PART 2　股票要漲，需要資金的力量

圖表 2-16　力積電（6770）股價走勢圖

力積電（6770）在 2024 年 1 月 8 日進入空方趨勢，3 個月後出現低檔長黑 K，缺乏低接意願買盤，並非賣壓沉重。

資料來源：TradingView。

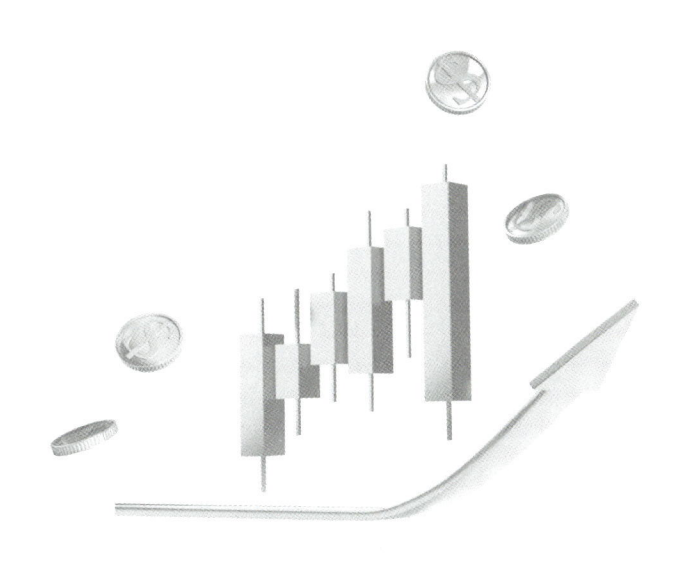

101

07 | 4 種跳空，要耐心等還是快跑？

如果單純只看一支 K 線，跳空無疑是力量強弱的最佳表現，往上跳空代表強勢，往下跳空就是轉弱，不僅如此，許多「多空的轉折組合」型態，都與跳空有密切關係。

1. 跳空突破

在正常的多方波動狀態中，若低點沒有跌破前低，下一步就要檢視高點有沒有越過前高。越過前高當然可以採用紅 K 來突破，但也有以跳空呈現。這種超越方式常常是中期投資者的最愛，因為盤整期間多長難以預估，若此時突然往上跳空突破，有強勢、越過前高、創下新高三層意義，就能把停利點拉高到跳空缺口的位置。

下頁圖表 2-17 是台積電（2330）在 2024 年 6 月 6 日跳空突破，股價創下新高，但即使是公認的護國神山，高、低價的感受依然是魔咒，看到股價往上，投資人依然找很多理由支持自己獲利賣出、或是堅持空手不買，屈服於錯誤的恐高觀念，說到底還是人的天性。

攀高、續抱、快逃──K線之道

圖表 2-17 台積電（2330）股價走勢圖

台積電（2330）在 2024 年 6 月 6 日跳空突破，當天高點 899 元，創歷史新高，不到 1 個月後股價突破千元。

資料來源：TradingView。

2. 跳空反轉

跳空反轉是常見的「空方轉折」型態，往往出現在多頭明顯漲勢後，紅 K 之後接續著兩支黑 K，包括往下跳空。只要看到開盤位置已經確立跳空反轉，就知道股價離最高點已有一段距離，代表漲勢已經結束，沒有再進場的必要。這與成交量完全無關，只有看不懂轉折組合的人，才會陷入「高賣又低買回」的陷阱。

右頁圖表 2-18 的藍天（2362）跳空反轉，出現在股價已有明顯漲幅之後，跳空反轉就是轉折型態確立的位置。

3. 跳空攻擊

股價突破創下新高的第一天，代表已沒有任何套牢的籌碼，

PART 2　股票要漲，需要資金的力量

圖表 2-18　藍天（2362）股價走勢圖

藍天（2362）股價在 2024 年 5 月底出現跳空反轉，漲勢結束，隨後連續下跌。

資料來源：TradingView。

若主力有意繼續拉抬，就不會再掉回來，給來不及上車的散戶低接買進機會，才開始拉抬。用跳空開出股價是強勢的做法，此時保持耐心，給主力更多發揮力量的機會，就可以賺到跳空攻擊的大漲幅。

例如亞翔（6139）的攻擊進行中，只要出現再創新高的跳空，都屬於跳空攻擊的態勢，是最強勢的攻擊模式。（見下頁圖表2-19）

4. 弱勢跳空

持有股票最不想看到的，就是趨勢走向空方。當季線下彎、頸線跌破，就要開始警覺，不僅不能意圖攤平，更應即時出場抽

攀高、續抱、快逃──K線之道

身,就無須擔心出現弱勢向下跳空後導致波段虧損。

簡單看懂跳空缺口,已經解決了多數掌握趨勢強弱的關鍵,K線就是這麼簡單,不把自己的期待放進判斷之中,答案就會變得清晰。

圖表 2-19 亞翔(6139)股價走勢圖

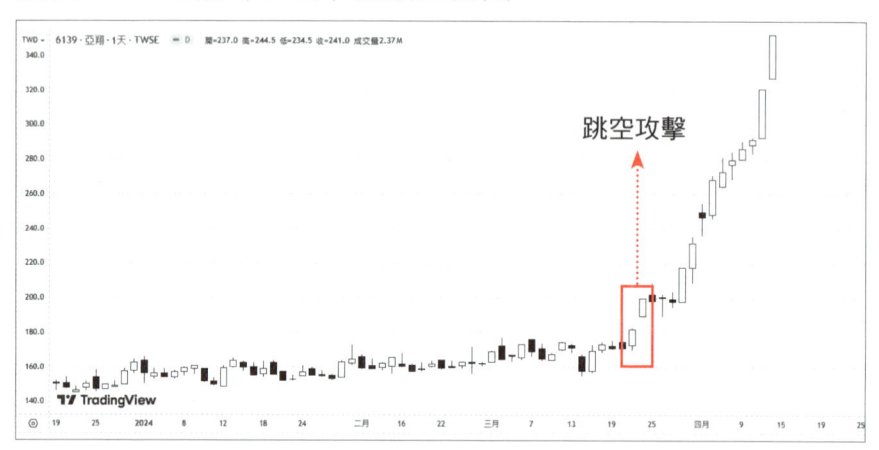

亞翔(6139)股價在 2024 年 3 月創新高隔天跳空攻擊,4 月又再強勢拉抬一次,投資人有攻擊 K 線的判斷力,就可賺到這個大漲幅。

資料來源:TradingView。

PART
3

能買、該賣，
還是先觀望？

01 | 黑 K 吞噬，原本的多頭趨勢暫時結束

對剛接觸 K 線技術分析的人來說，單獨一根一根的 K 線比較容易學，但要組合起來看趨勢變化，難度就增加很多。就像大家常形容，26 個英文字母都會念，但組成單字就看不懂了。

事實上，無須把 K 線想得太複雜，我常說，如果每根 K 線都有意義就等於都沒意義，所以只須專注在「特殊位置」判別即可。接下來，我們就從簡單的組合 K 線談起。

連續兩根 K 線加起來的組合型態，最清晰、好辨認的，就是「黑 K 吞噬」。意思是經歷一段時間的多方走勢後，創新高的紅 K 被一根更長的黑 K 完全包覆，代表多方力量竭盡，也就是原本的上揚趨勢結束了。（見下頁圖表 3-1）

黑 K 吞噬的判斷是基於力竭原理，但**力竭只代表原有走勢「結束」，不代表行情一定反向開始**。轉折代表的是多方結束、空方結束，聽起來很像是反轉，讓人誤以為多頭走完就是空頭，空頭結束就能翻多，然而事實並非如此。很多情況只是漲勢結束，但股價並沒有一定立即大跌。

若從資金動能的變化來理解，那就是原本拉抬股價的主力，持續買進很多部位後，某天不但沒有繼續拉抬，還從買方變賣方

攀高、續抱、快逃──K線之道

圖表 3-1 黑 K 吞噬型態

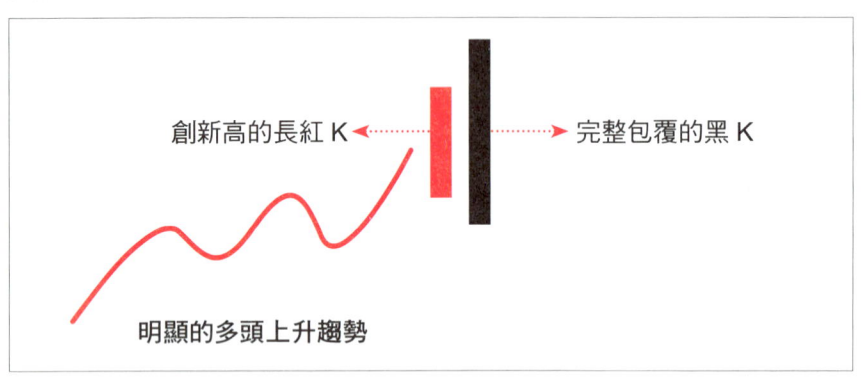

創新高的長紅 K ←----→ 完整包覆的黑 K

明顯的多頭上升趨勢

獲利了結出場，而這一來一往的力量變化，就符合力竭的定義。面對這樣的組合 K 線，我們只要知道股價很難再有攻擊拉抬的表現，就已經足夠。至於股價會不會快速直接往下掉？就要看主力出貨順不順利。

投資人學習 K 線，通常是想學會買到飆股的技巧，不過常常太專注於「可以買什麼股票」，而忽略了「什麼不該買」。如果遇到這種在高檔位置出現「空頭吞噬」的組合，就因為股價變低了而去買進，便會產生原本可以避免的虧損。看懂這個多空轉折的組合，可以幫助投資人在第一時間看出股價的變化，避開跌價的風險。

右頁圖表 3-2 的加高（8182）及第 112 頁圖表 3-3 的先進光（3362），都是曾在高檔出現黑 K 吞噬的例子，轉折出現後代表多方力竭，股價已難再創新高，但不一定當日就開始一路下跌。

PART 3　能買、該賣，還是先觀望？

圖表 3-2　加高（8182）股價走勢圖

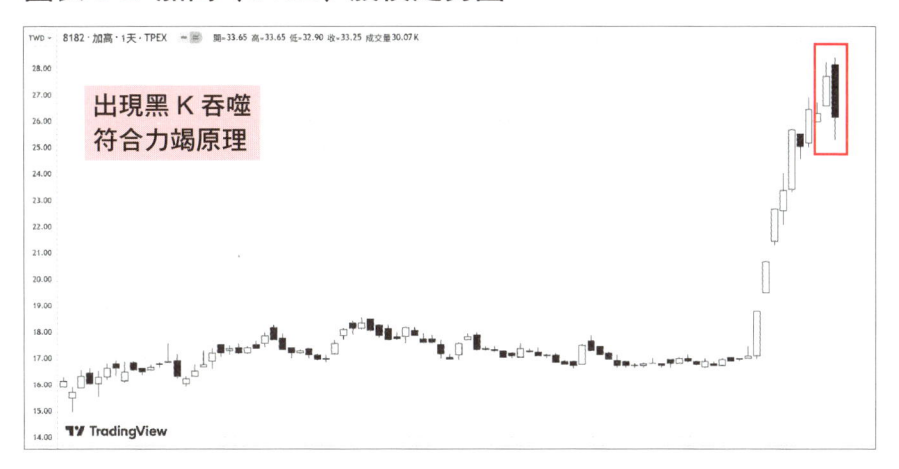

出現黑 K 吞噬
符合力竭原理

黑 K 吞噬後股價
已結束漲勢

加高（8182）在 2019 年 11 月底開始持續創高，12 月 12 日出現黑 K 吞噬，但跌勢直到 2020 年 1 月後才明顯出現。

資料來源：TradingView。

111

攀高、續抱、快逃——K線之道

圖表 3-3 先進光（3362）股價走勢圖

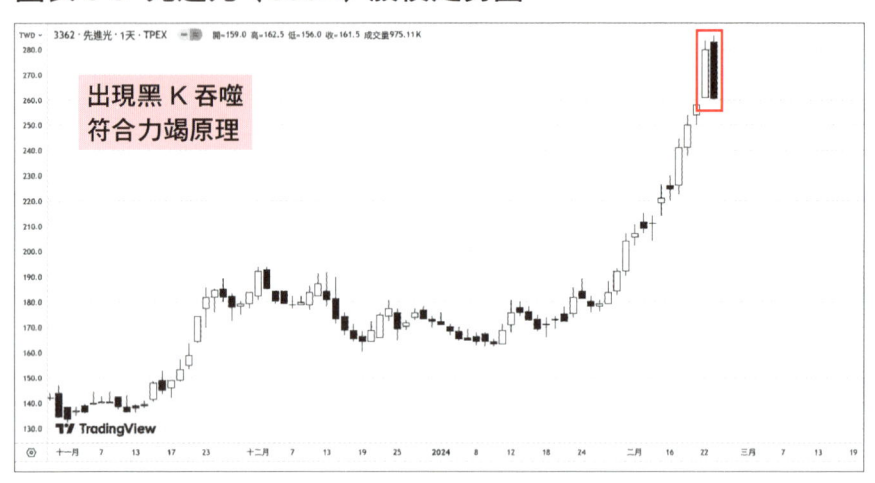

出現黑 K 吞噬
符合力竭原理

黑 K 吞噬後股價
已結束漲勢

先進光（3362）在 2024 年 2 月 23 日出現一根包覆紅 K 的長黑 K，之後股價盤旋了八個交易日才開始反轉回檔。

資料來源：TradingView。

至此也許你想再問:「出現黑 K 吞噬可以放空嗎?」我必須強調,出現吞噬僅代表多方力量竭盡,還不到反轉的地步。散戶多半以為,出現反轉時可以多單賣出,順便放空,但黑 K 吞噬不具備這種意義。穩健的做法,是在吞噬後空手繼續觀察八個交易日,確認股價已經出現多方力竭就足夠,保住自己的投資成果,無謂再反向操作放空,不因為後來股價跌了就說當初可以放空。

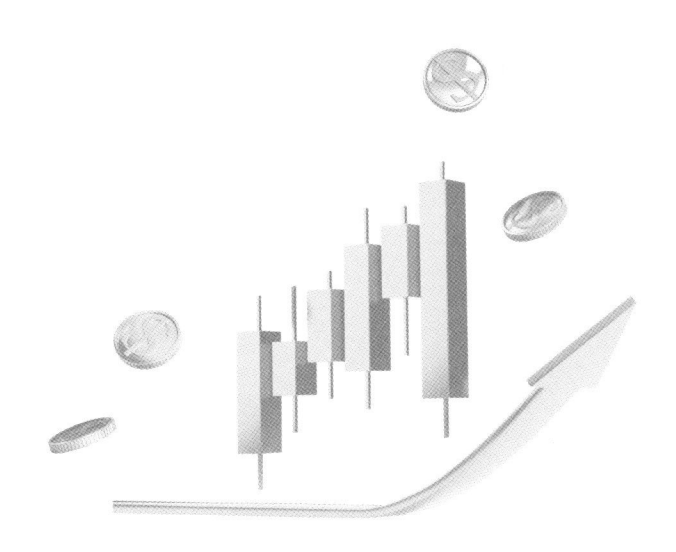

02 | 跳空反轉，出現這種行情記得先閃

單一K線中，最有特殊意義的就是「跳空缺口」，那表示市場資金不計代價的買進或賣出，形狀最容易辨別。

大部分投資人已經有個觀念：長紅或長黑最有力。這個觀點沒錯，那麼再進一步想，如果在長紅「之後」出現向下跳空，或是上漲趨勢出現黑K之後再向下跳空？這表示有一股更大的反向力道，蓋過原本上漲力量，會給還在做多的人帶來極大壓力。

這就是組合K線的魅力，用連續的走勢呈現力量的「發揮」或力量的「改變」，因此，若在紅K之後接續黑K，且第三根K線是向下跳空，即是力竭現象出現，稱為跳空反轉。遇到了跳空反轉，一定要避開這檔股票。

跳空反轉是很常見的反轉型態之一。原本的創新高紅K是攻擊拉抬的表現，隔日來一根黑K並無大礙，但若是再隔一日出現往下跳空，等於完全化解掉原本的拉抬力量。

投資人光看這個K線走勢可能會直覺認為，雖然股價沒有繼續漲，但也沒有跌太多，好像可以再等一等，看看過幾天會不會又開始續漲。但個股不能這麼單純的看待，以藍天（2362）這個走勢的背景來說，當時台股大盤指數不斷創歷史新高，突破

攀高、續抱、快逃──**K線之道**

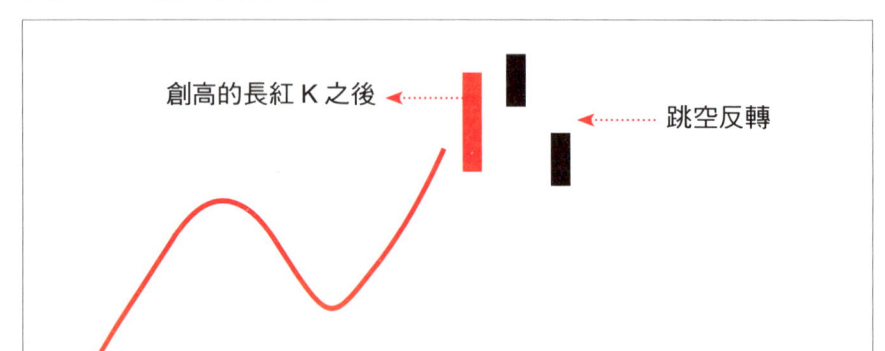

圖表 3-4 跳空反轉型態

創高的長紅 K 之後　　　　　　　　跳空反轉

24,000 點，主力便是利用這個大環境熱絡的機會出脫，因此形成跳空。主力既已獲利了結，又怎會再回頭拉抬？（見右頁圖表 3-5）

再談力量變化的意義

　　從結論來說，多方資金的力量越強烈，等到不再拉抬股價時，跌回到原點的可能性越大。真正長期的多頭，不會採取連續急攻、一波到頂的方式拉動股價，而是會漫長綿延、緩步上升，多方走勢的時間越長，代表資金從一開始就是打算長期進駐；相反的，若是短期之內急拉飆漲，就是主力資金打算只搞一波就好，大賺一票後就走人，此時股價越可能快速回到原點。

　　以前鼎（4908）為例，股價被主力快速用力的拉了兩倍之多，

PART 3　能買、該賣，還是先觀望？

圖表 3-5　藍天（2362）對比台股大盤走勢圖

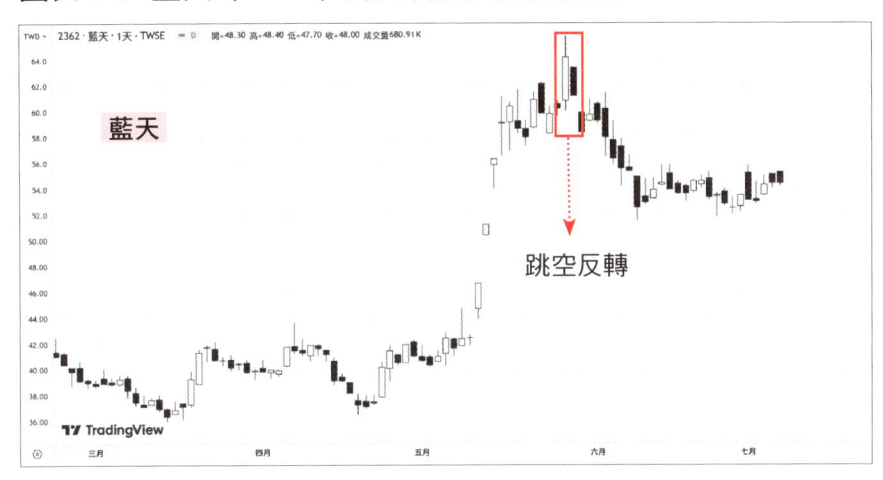

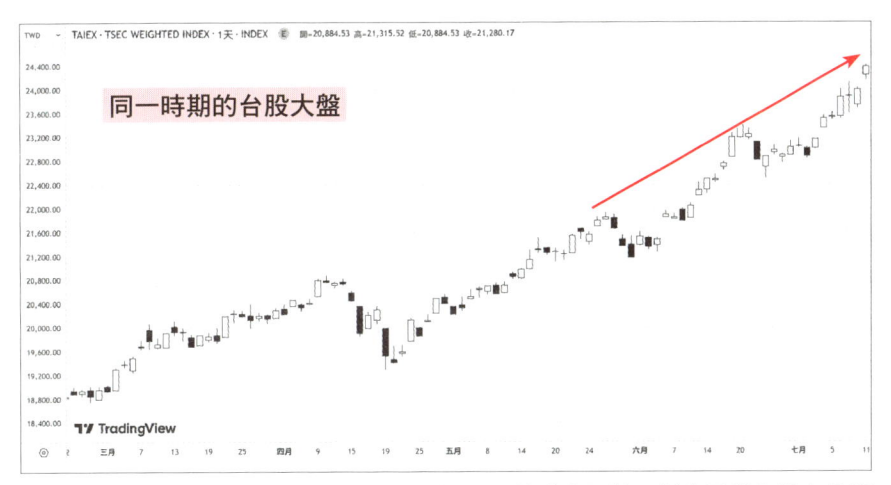

藍天

跳空反轉

同一時期的台股大盤

藍天（2362）在 2024 年 5 月 30 日出現紅 K 後的跳空反轉，對比同期台股大盤漲勢凶猛，可見主力藉市場熱絡出脫持股，跳空反轉表示原本拉抬力量已消失。

資料來源：TradingView。

117

攀高、續抱、快逃──**K線之道**

隨後出現跳空反轉。兩根黑K之中包括一個跳空，空手者應該一眼就能辨識出，這是主力不計代價賣出的轉折訊號，絕不是拉回買進的機會。而曾在過去八個交易日中高檔賣出的人，看到這個回檔似乎是又一次「低檔買回賺價差」的機會，但未來誰會幫忙拉抬股價，讓做短線的人再賺一次價差？（見右頁圖表3-6）

行進判斷的方式對應實戰走勢

　　學習K線的人，通常是先記憶各種組合的形狀，等實戰時，看K線圖就知道該如何對應。不過有時確認為轉折時已經收盤，或是發現力竭狀態時股價已經跌停板，慢了一步。其實對於三根K線組成的轉折組合，通常在第二根黑K出現時就要有所警覺，知道隔天看盤時要看哪些重點，這樣等到開盤就能快速辨識。

　　以跳空反轉為例，在創新高紅K的隔天出現黑K時，再隔天的檢視重點，就是「不該」開盤出現向下的跳空。假設隔天沒有往下跳空，就不會出現這個轉折，反之就符合跳空反轉。這在一開盤時就能看出答案。

　　學習轉折組合K線，不僅是看懂力竭現象、方向變化，更重要的是，可以從K線看出力量是否持續，有沒有扭轉的意味。這樣就無須預設心理或猜測高點，當然也不用拿成交量穿鑿附會，當作盡快獲利了結或是再等反彈才賣股的藉口，交易決策會更穩健踏實。

PART 3 能買、該賣，還是先觀望？

圖表 3-6 前鼎（4908）股價走勢圖

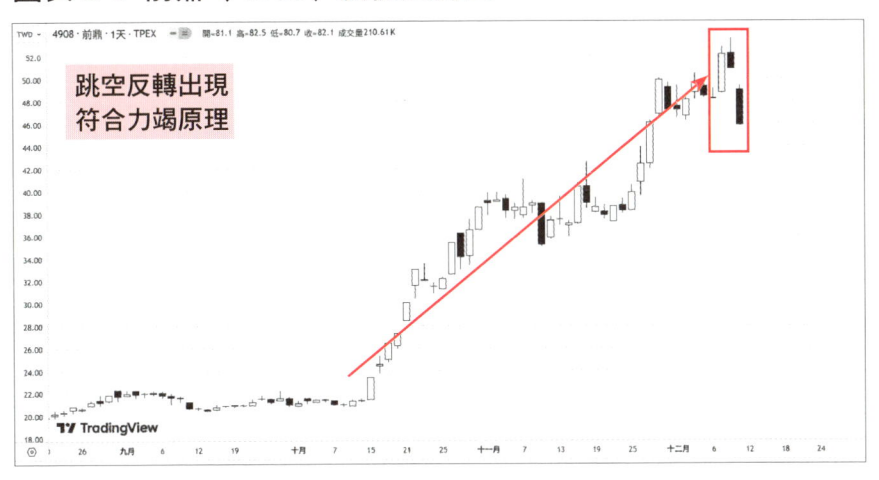

**跳空反轉出現
符合力竭原理**

**跳空反轉
後大跌**

前鼎（4908）股價在 2019 年 10 月至 12 月時，2 個月急速拉抬兩倍之多（上圖），短期飆漲後的反轉，便是 3 個月後又跌回原點（下圖）。

資料來源：TradingView。

119

03 | 反撲力道難預測，一開盤就先離場

組合 K 線之所以看似複雜，是因為比起單一 K 線的變化來得多樣，判別時可能會措手不及，導致明知有問題，卻因為「已經跌了、下不了決心停損」而心態崩潰。現在要說的「反撲型態」，就是持有多單的投資人難以應對的代表。

力量突然轉彎，K 線長度可看出力道

反撲兩個字有快速、積極、用力的反向意義，帶著「意外」的味道，也就是在這一根 K 線之前，什麼跡象都看不出來。例如，原本的走勢中有力量支撐前進，卻突然出現一根完全改變前一天趨勢的 K 線。

從定義來看，在跌勢中黑 K 先創下短期新低價，隔日多方不僅出現抵抗力量，還以戰勝前一日所有價位的姿態，呈現紅 K 跳空站上，若這根紅 K 還帶有力量，代表轉變更強。同樣的，若在漲勢中創新高紅 K 的隔日，空方反撲的抵抗態勢明顯，股價完全處在前一日創新高紅 K 的價位之下，就代表空方氣勢更勝於前日多方。此外，K 線長度也代表力量強弱，有時 K 線本身並不長，

攀高、續抱、快逃──K線之道

圖表 3-7 反撲型態

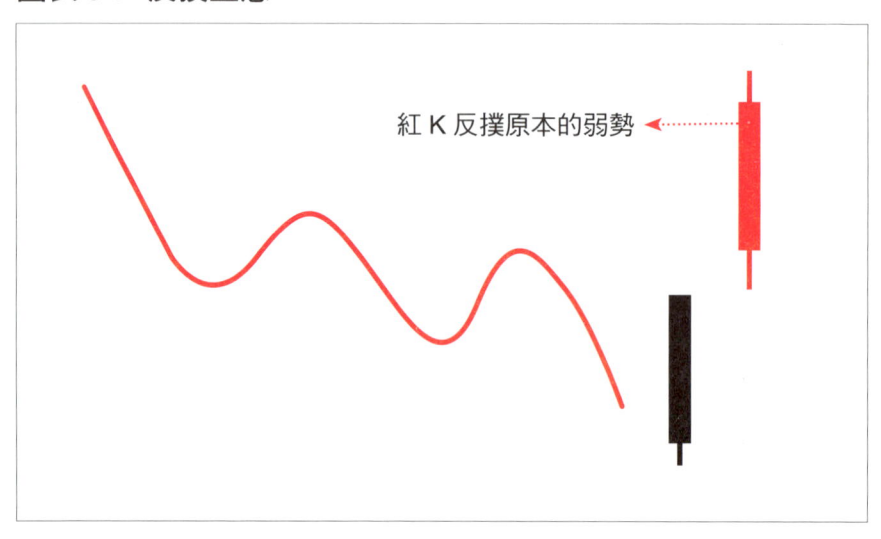

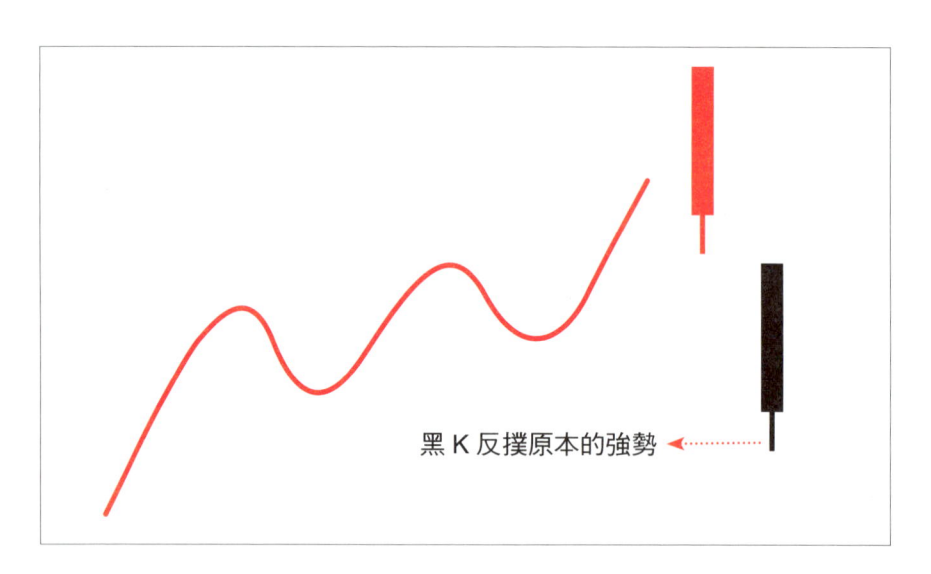

紅 K 反撲原本的弱勢 ←┈┈

黑 K 反撲原本的強勢 ←┈┈

那麼力道會隨之下降。

　　反撲型態的出現，往往讓習慣原本趨勢的人吃驚，因為力量轉彎的強度及速度都讓人來不及反應。它的根本邏輯是在原本趨勢行進之中，卻有一根反向 K 線突如其來出現，反向無疑是抵抗力量的結果，如果中間還包含著跳空缺口，就代表這個反撲力道很大，短期資金的態度可能跟已經發生的趨勢相反。

多、空方都可能出現反撲，但無法在開盤時預測

　　反撲型態之所以不被列入轉折組合 K 線當中，是因為短期趨勢才常會有反撲力道，例如股價緩步向上，沒有明顯的攻擊，也沒有中長期趨勢掩護，可能就只是短期之內沒有賣壓，股價便先順著環境爬上去，等到多方準備大舉出脫，或已經到了不能慢慢賣的時候，必須一次用力賣出，就會讓股價連前一天的低點都擋不住。其實，多、空方都可能出現反撲型態，不過空方趨勢下突然跳空向上拉抬很少見，反倒是原本呈現多方趨勢，卻來一根跳空向下的黑 K 較常見。

　　難以掌握的地方在於，出現反撲的當日剛開盤時，我們還無法預期這根黑 K 會有多長，直到收盤看到時，股價可能已經是當日最低，來不及反應。

　　以國產（2504）的走勢為例，雖然反撲型態出現可以明確判別，但當日開盤時，僅為跳空開在前一天紅 K 低點之下，到收盤

攀高、續抱、快逃──K線之道

才驚覺原來是長黑，若非熟悉反撲型態，大部分人到了長黑時已經來不及反應，也不想殺低，就這樣一路持有弱勢下去。（見右頁圖表3-8）

一旦「遇壓」反撲，就先離場

「遇壓」是股價波動時多方走勢的障礙，就像是一顆大石頭擺在馬路中間，駕駛人要不是等待有人搬開那塊石頭，要不就掉頭再繞道。同樣的，當股價遇到套牢明確的位置，就是等待有沒有市場資金願意把套牢籌碼買走。

但我們不能預設立場，認為一定有人幫忙處理障礙，所以遇到明確壓力時只能先離場，等到確認有賣壓化解的力量之後，才能再進場，這就是當開盤就呈現反撲時的應對之道。

逆向的跳空通常也能判斷反撲的強度，但跳空越大，並非就會跌得越重，只是未來要越過的機率更低，因為市場已經有過一次高檔價位浮現賣壓，如果同一個高點附近遇壓下跌的次數多了，股價就會更沒有力量。

第126頁圖表3-9佳世達（2352）的例子，就是當初的高檔有過黑K吞噬，那個位置曾是多單獲利了結賣出的力竭，如今股價又推升到那個位置，馬上就失去資金的拉抬力量，還走出了反撲型態。

圖表 3-8 國產（2504）股價走勢圖

股價緩漲後出現反撲型態超長黑 K

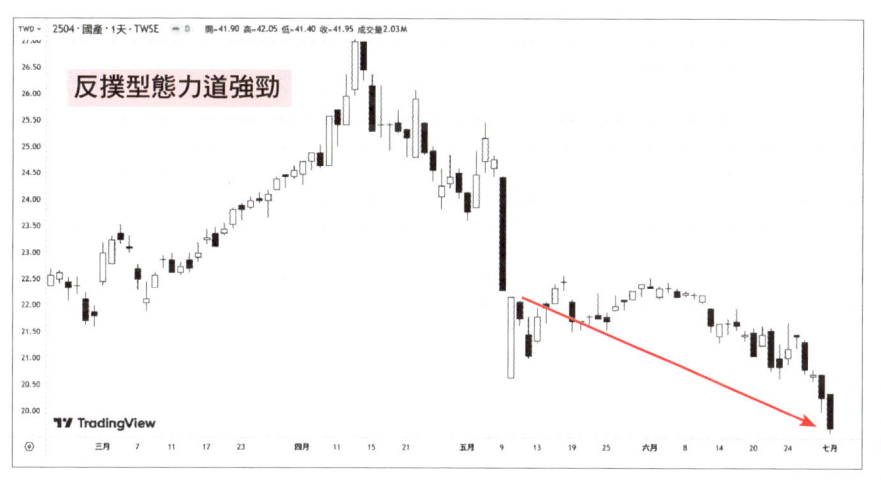

反撲型態力道強勁

國產（2504）進入 2022 年後，股價呈現緩慢上漲，5 月 9 日突然出現一根超長黑 K，高點低於前一天低點，即為反撲型態。

資料來源：TradingView。

攀高、續抱、快逃——K線之道

圖表 3-9 佳世達（2352）股價走勢圖

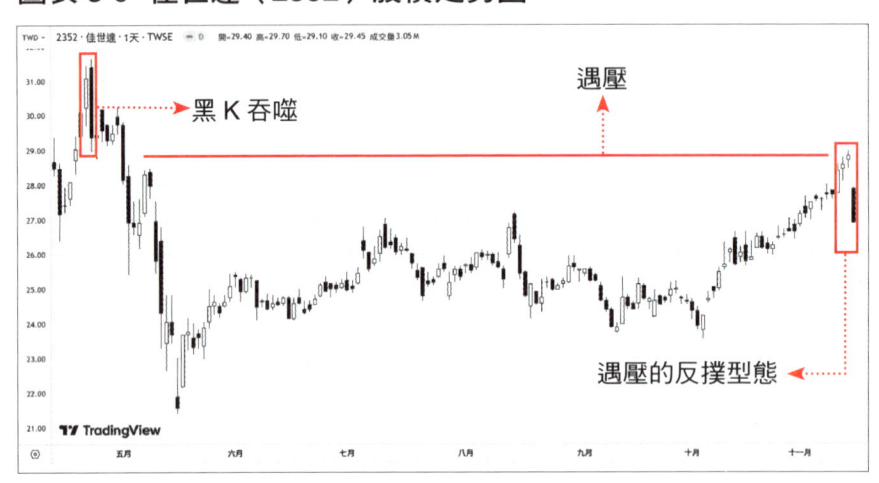

佳世達（2352）股價在 2021 年 4 月 22 日出現黑 K 吞噬後下滑，當時約在 38 元附近，雖然 10 月上旬開始回升，但難超越 4 月時的高點，在 33 元左右就出現反撲。

資料來源：TradingView。

圖表 3-10 中鼎（9933）股價走勢圖

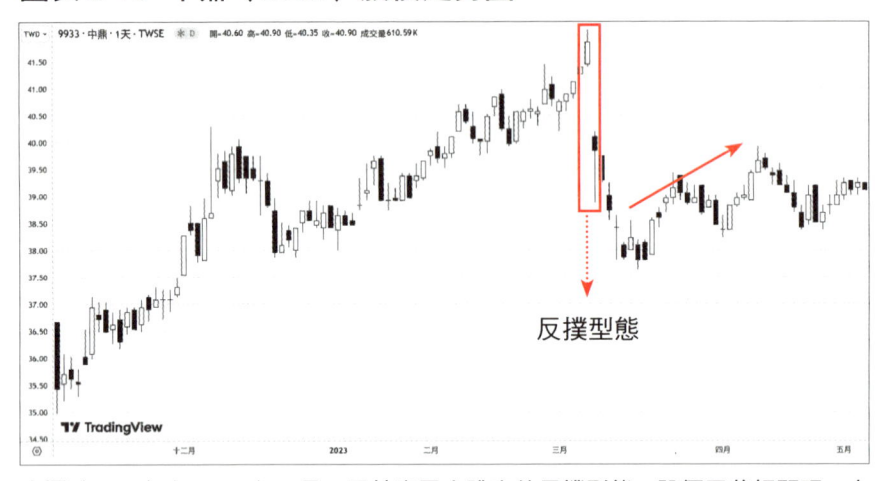

中鼎（9933）在 2023 年 3 月 8 日拉出巨大跳空的反撲型態，股價天花板顯現，之後幾次起伏都未漲回當時價位。

資料來源：TradingView。

再看第 126 頁圖表 3-10 中鼎（9933）的例子，當出現反撲型態，且有明顯的向下跳空缺口，表示有大量多單根本就沒打算慢慢賣，而是一次快速賣出，這裡的結構壓力就會很大，會是未來短期的股價天花板，加上散戶習慣買低、拉回承接、加碼攤平的天性，主力通常不會在有賣壓的地方還繼續拉抬股價，幫低檔買進的人賺到價差，這麼做不符合攻擊資金該有的定律或原理，因此股價回檔短期內也難再突破。

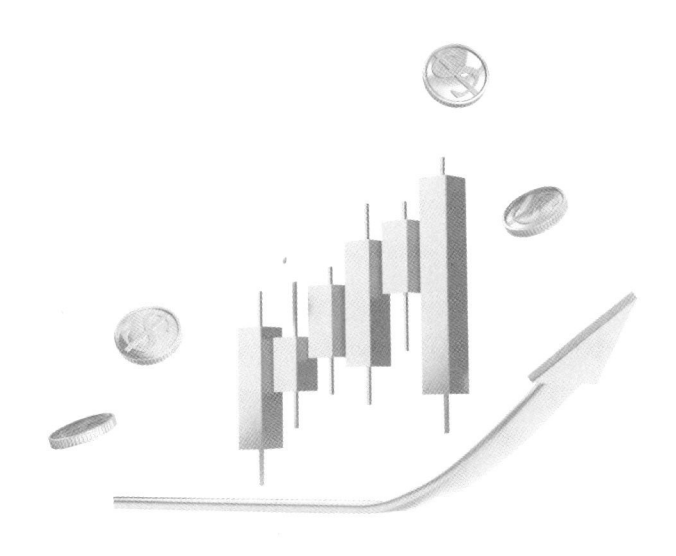

04 內困型態觀察重點：隔天走勢是否翻轉

我剛開始學習K線時，覺得這些組合的名字都頗為有趣，像是這篇要說明的「內困型態」。

內困取名自「醞」的意義，在單一K線中，無法確認走勢是延續還是反轉的，就是十字線。越短的十字線，越是變化的醞釀。而在組合K線中，同樣不能確認繼續或者改變方向的，就是內困型態，也就是眾所週知的「孕線」，或稱為「懷抱型態」。

稱為內困，是因為其形態為一根K線沒有脫離前一日的波動範圍，看起來像是有一股力量被困住的感覺，另外也有醞釀變化的意義。所以遇到內困型態時，正確的理解是：如果股價繼續往上創下新高，就是原本走勢的延續；相反的，如果往另一個方向走就是**翻轉**。

實務上的判斷則是，隔天是否表現出翻轉的走勢，包括黑K的高點被紅K越過，或紅K的低點被黑K跌破。市場常說「內困三日翻紅」、「內困三日翻黑」，但實際上不一定3天，4天、5天都有可能，只要還持續內困中，就應該等到確認點出現，再決定下一步交易。

在多方趨勢下出現內困，並非就會直接反轉為空方，只是短

攀高、續抱、快逃──K線之道

圖表 3-11 內困型態

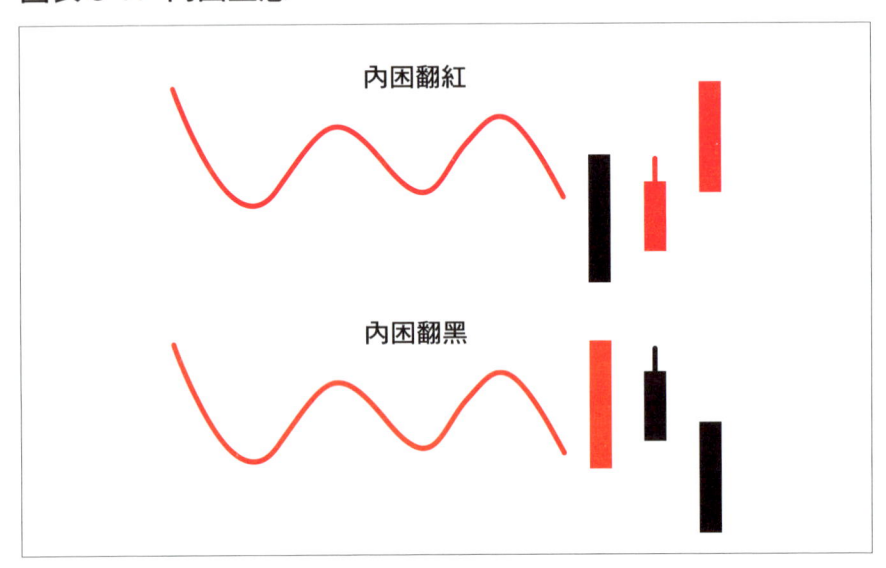

內困翻紅

內困翻黑

線上力量有所變化而已，原本的多方趨勢仍然存在，可能只是中繼的休息整理，並非就此改變了方向。內困翻黑之後，股價當然離最高點已經有一段距離，持有者多半會惋惜沒在最高點先出脫一番，但既然已經翻成了黑K，就表示短期拉抬的力量已經消失，股價暫時不會回到高位。

內困之後，隔天不能跳空向下

還記得第 3 章第 2 節講的跳空反轉，在明顯的多方趨勢之後，出現兩根黑 K 有著跳空向下的缺口，即是反轉為空方趨勢。由此

PART 3　能買、該賣,還是先觀望?

可以延伸出,假如第一根黑K處於內困狀態下,觀察的重點勢必為隔天不能有跳空向下出現,若出現就等於符合「跳空反轉」。

例如藍天(2362)的跳空反轉前兩根就是先有內困型態,然後隔日向下跳空。這個例子證明,內困型態出現時就該有心理準備,隔日走勢極有可能成為空方轉折。(見圖表3-12)

力量翻轉對交易來說十分重要,散戶往往因為當初高價時沒有出場,就期望反彈上來後再賣,未曾想過股價需要資金拉抬才有機會創新高,假如遲遲沒有反彈,該怎麼辦?看看和益(1709)的例子(見下頁圖表3-13),股價在2022年2月18日出現內困

圖表3-12　藍天(2362)股價走勢圖

藍天(2362)在多方趨勢下,2024年5月28日拉出一根長紅K,隔天5月29日,出現股價未脫離前一日波動範圍的黑K,內困型態成形,隔日內困翻黑。

資料來源:TradingView。

攀高、續抱、快逃──K線之道

型態，隔天2月19日再跳空向下，之後半年時間內下跌3成以上，足以讓投資人又想放棄股市投資。然而，其實只需要正確認知內困翻黑及跳空反轉的判斷，就不會發生這個問題，對於交易決策也會更有底氣。

圖表3-13 和益（1709）股價走勢圖

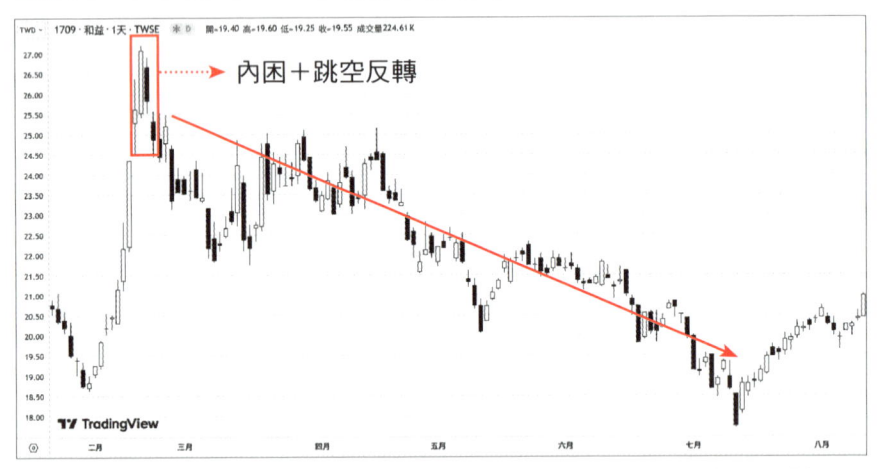

和益（1709）在2022年2月出現內困型態加跳空反轉，股價之後半年下跌超過3成，若有投資人錯過2月高點，打算期待反彈時再出場，恐會陷入套牢危機。

資料來源：TradingView。

PART 3　能買、該賣，還是先觀望？

05 島狀反轉容易誤判，退出市場才安全

在技術分析中，「島狀反轉」是個容易讓人看似懂了、卻又不見得理解正確的型態，一般投資人看到左右很明確的都有缺口，就覺得自己看懂了，但任何一個組合K線的判斷都沒有這麼單純，通常還有很多細節變化需要釐清。

無論是多方或空方，島狀反轉的三種類型，都是兩個缺口之間有幾根各種樣貌的K線，差別在於如果只有一根且為十字，在多方位置稱為「晨星」，出現在空方則稱「夜星」；如果兩個缺口中間是一根有實體的K線，專有名稱為「孤島」；若缺口之間不只一根K線，則都稱為「島狀」，而這些都是股價反轉的訊號。（見下頁圖表3-14）

島狀反轉難辨認，空手的人才有感

理解定義之後，接下來我們看看實務範例，就知道為什麼一般人對島狀反轉會有認知偏差。

一般投資人通常很難接受島狀反轉成空方趨勢，尤其當前一天是一根創新高價的K線，表示持有者還一度有過大漲的喜悅，

攀高、續抱、快逃——K線之道

圖表 3-14 島狀型態

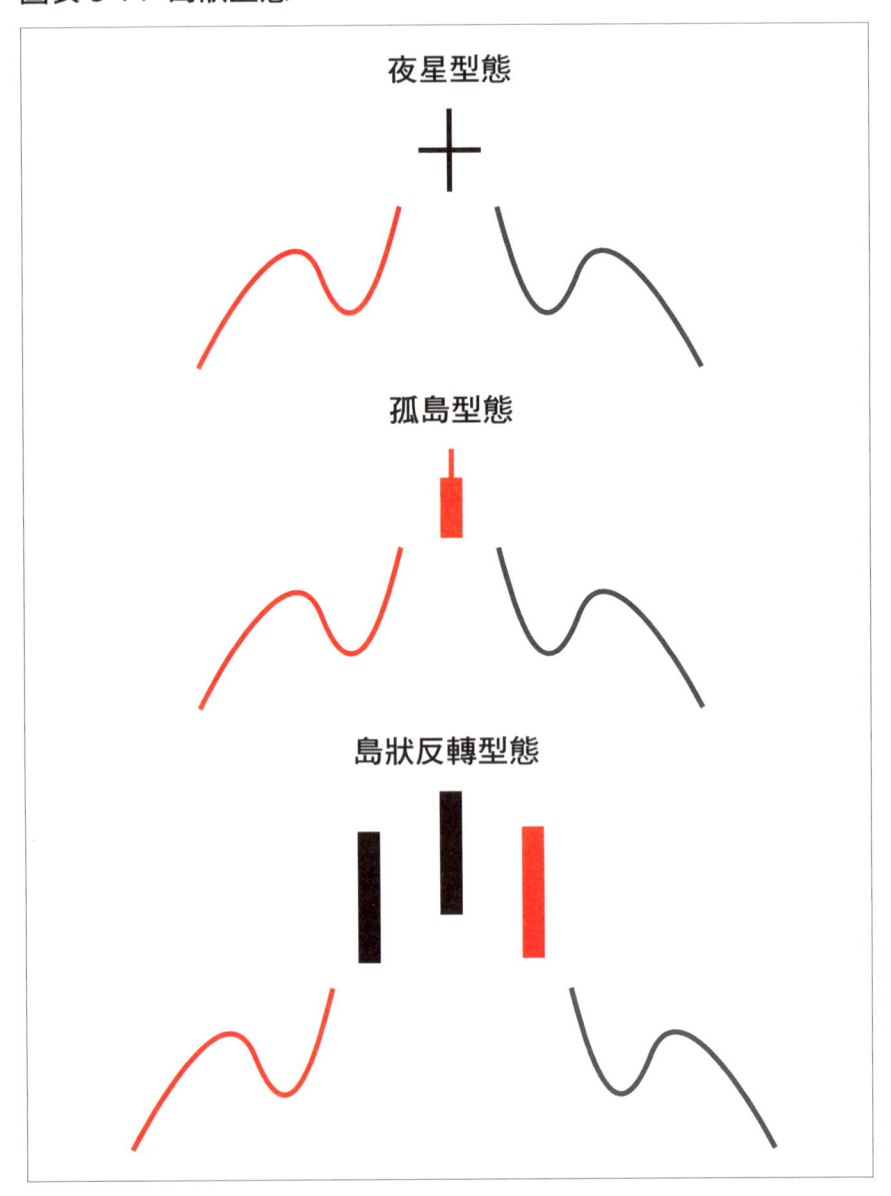

夜星型態

孤島型態

島狀反轉型態

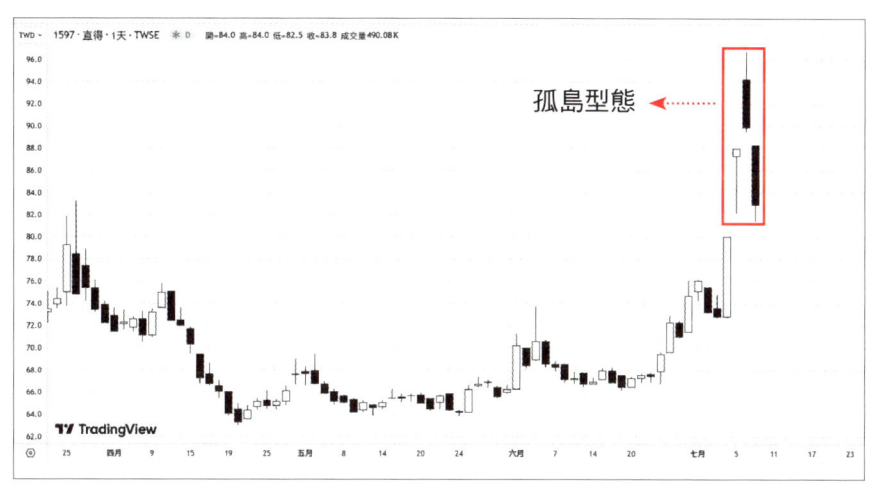

圖表 3-15 直得（1597）股價走勢圖

直得（1597）2024 年 7 月 5 日出現向上跳空，沒想到當天呈現黑 K，隔天更跳空向下，形成島狀反轉。

資料來源：TradingView。

但當天就先被澆熄，隔天還又跳空向下，就像圖表 3-15 的直得（1597）。持有股票的人，可能沒有意識到這就是孤島型態，於是一直等待高檔再現，期望還有機會出脫持股，雖說的確有可能再往上，不過持有風險大於機會。通常只有空手的人才能一眼看懂這個組合型態。

再看微星（2377）的例子（見下頁圖表 3-16）。發生多方島狀反轉之前，通常股價是帶著悲觀氣氛的弱勢下跌，最常見就是盤整後又跌破出現長黑 K。假如遇到除息，市場資金更不會在弱勢狀態下衝進去參加除息，因為除息就意味著被課稅，還有很多

攀高、續抱、快逃──K線之道

圖表 3-16 微星（2377）股價走勢圖

除息前

島狀反轉：晨星
向下跳空創新低

除息後

向上跳空

多方島狀反轉

2021 年時，微星（2377）股價從 5 月開始下跌，隨後遇到除息期間，市場資金不會進場參與，出現向下跳空創新低，直到除息後往上跳空，形成多方島狀反轉。

資料來源：TradingView。

不必要的帳務麻煩。等到除息過後往上跳空，對比除息前的向下跳空再創新低，就形成多方島狀反轉。

　　反轉主要是改變原本的方向，並不代表反向力量就會持續綿延不斷，通常還是會遇到壓力區就受阻。只有中長期投資且看好這家公司的人，這個島狀反轉才是唯一低檔進場布局的機會，但還是要留意，出現島狀反轉的位置，不宜跟上檔套牢壓力距離太近。另外要注意的是，假如向上跳空是因為有利多，或者一跳上去就遇到了大量套牢區，往往島狀反轉會失敗。

多方島狀反轉失敗的原因

　　說到多方島狀反轉會失敗，有兩個原因：其一是向上的跳空並非資金力量轉強，而是因為當天出現了利多事件；其二是股價跳上去後馬上遇到套牢壓力，壓力越大，越是天花板的阻礙。

　　由於股價在低檔區時已經跌深，很容易出現短線客搶進，當股價往上碰觸到過往的套牢區，就必須研究一下這個套牢段到底有多嚴重。以南帝（2108）為例子（見下頁圖表3-17），股價在2022年3月11日經過島狀反轉後往上，遇到當初長期被認定為底部整理的大區間段。這個區間段曾經歷過兩次反彈失敗的套牢，且成交量也大，表示當時有兩批低檔搶進的投機客套牢在這個位置，如今股價又來到這裡，若是主力要拉抬，就得先吃下過去兩次反彈套牢者的解套賣壓。

攀高、續抱、快逃──K線之道

圖表 3-17 南帝（2108）股價走勢圖

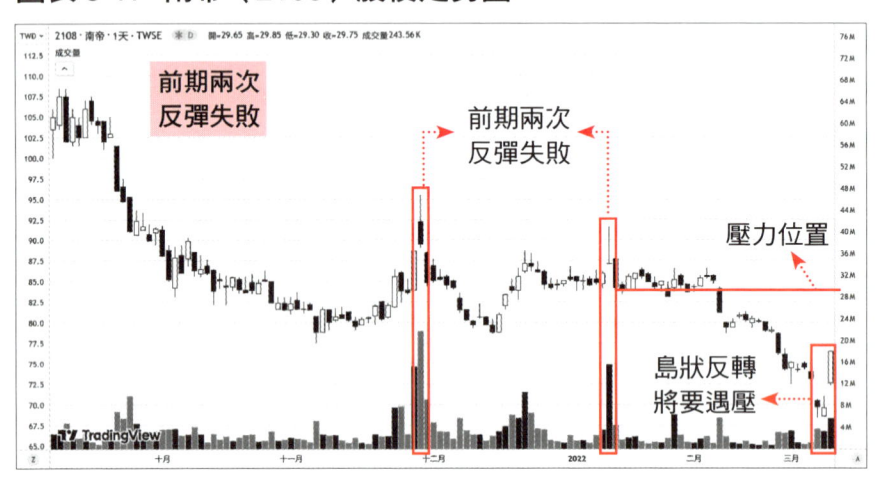

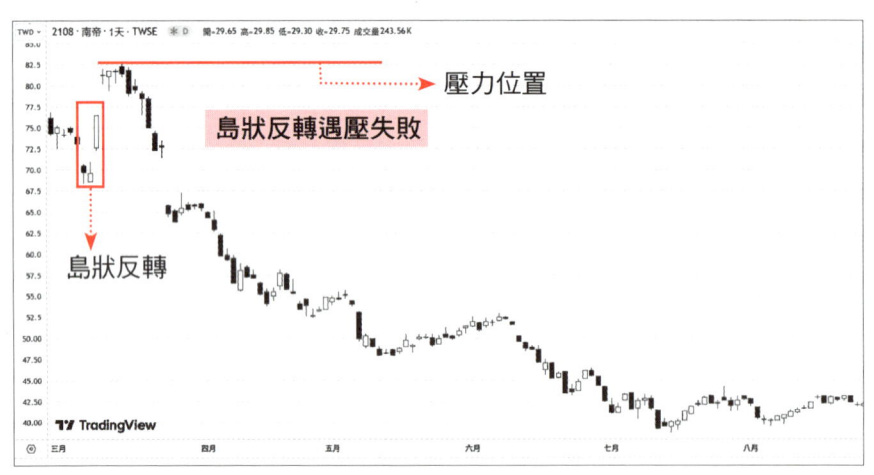

南帝（2108）在 2022 年 3 月初出現島狀反轉，看似將進入多方趨勢，然而股價反彈遇到了過往的套牢區，終究還是受阻下跌。

資料來源：TradingView。

試想，哪個主力會願意幫別人解套？結果當然是受阻下跌。之後的半年股價直直落，顯示沒有判斷賣壓、只用島狀反轉當作低檔買股的標準，結局便是抱到了再下跌 3 成的跌勢。

有些人可能因此就對技術分析失去信心，然而事實並非 K 線原理不好用，而是投資人只關注自己想要的，忽略 K 線理論結構上的問題。

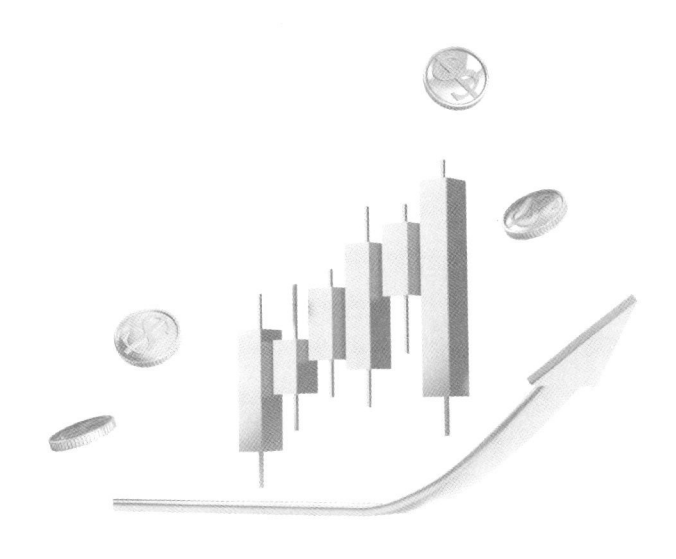

06 | 母子雙星關鍵在跳空，暗夜雙星要避開

　　轉折組合有兩根或三根 K 線組成，共同點是都代表原本方向的力量已經消失，而差別在於由三根 K 線組成時，多了存在跳空缺口的可能。這也是為什麼本書一開始就要先談跳空，因為實在是有太多關鍵力量的判斷源於跳空缺口，這一節要說明的「母子雙星」及「暗夜雙星」就是其中兩項。

母子雙星，跳空缺口越大，反轉力量越強

　　母子雙星源自於「母子晨星」，母子晨星的定義是：在下跌趨勢中創新低的黑 K 之後，隔日出現紅 K 孕線，且收盤股價站在黑 K 的中值之上。以下頁圖表 3-19 的日月光投控（3711）為例，股價在 2020 年 9 月 24 日創新低，當天最高價為 59.5 元，最低價為 58.2 元，隔天 9 月 25 日出現紅 K，且收盤價 58.9 元在前一天黑 K 的中值（〔59.5—58.2〕÷ 2 + 58.2 = 58.85）之上，即形成母子晨星型態。

　　如果這根孕線紅 K 收盤時，沒有站在黑 K 的中值之上，而是隔天才站上，這樣就屬於母子雙星。透過下頁圖表 3-18 可以看懂

攀高、續抱、快逃──K線之道

圖表 3-18 母子雙星型態

下跌趨勢中

孕線紅 K
收盤價未站上中值，
隔日才站上

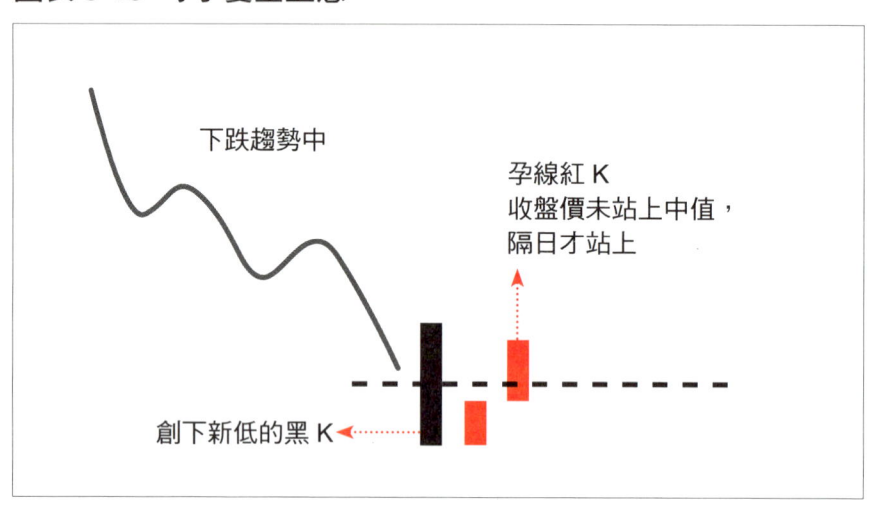

創下新低的黑 K

圖表 3-19 日月光投控（3711）股價走勢圖

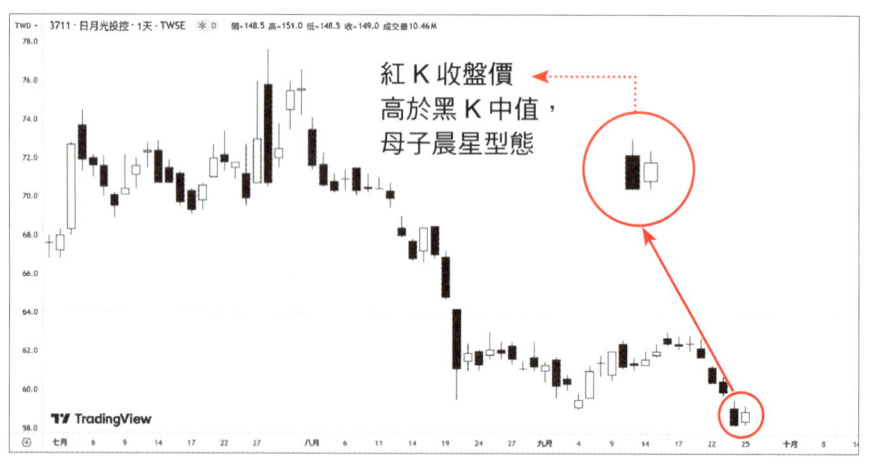

紅 K 收盤價
高於黑 K 中值，
母子晨星型態

日月光投控（3711）股價在 2020 年 9 月 24 日創新低後，隔天 9 月 25 日出現紅 K，且收盤價在前一天黑 K 的中值之上，形成母子晨星型態。

資料來源：TradingView。

母子雙星的型態，其中關鍵點在於，後面的兩根紅 K 可能存在著跳空缺口，跳空代表力量，那麼當缺口越大時，反轉的力量就會越強。

暗夜雙星，黑 K 的重點在於「摜破」

「暗夜雙星」則是指兩根併排的 K 線（通常兩根都是紅 K），股價被一根長黑摜破。這一根黑 K 的重點並非高點有多高，而是股價收盤在兩根併排 K 線之下的「摜破」。（見下頁圖表 3-20）

暗夜雙星是在股價高檔區域已有明顯上升趨勢之後發生，兼具抵抗力量出現、反向力量開始醞釀的狀態，其中關鍵是第二根紅 K。當股價在高檔區域時，散戶理論上不會盲目追價，因此股價在開低之後一度往上，卻沒有拉出價差的紅 K 呈現併排，就顯示可能有抵抗與醞釀反向的力量，而事實究竟為何，可以在隨後的長黑得到確認。

對於兩根併排的紅 K，要特別說明的是，它們不一定形狀一樣，只要是第二根紅 K 開低走高，把當天意圖當沖的籌碼好像也都買下，隔天卻出現一根摜破兩根紅 K 的黑 K，一舉把當日所有想趁拉回再做短的人套住，就是暗夜雙星。

暗夜雙星型態單純、好判斷，算是空方轉折中非常容易辨識的組合。以台亞（2340）為例，台亞原名光磊，本來是 LED 產業，2021 年時轉進半導體領域，股價漲了一倍以上，後來進入強勢拉

攀高、續抱、快逃──K線之道

圖表 3-20 暗夜雙星型態

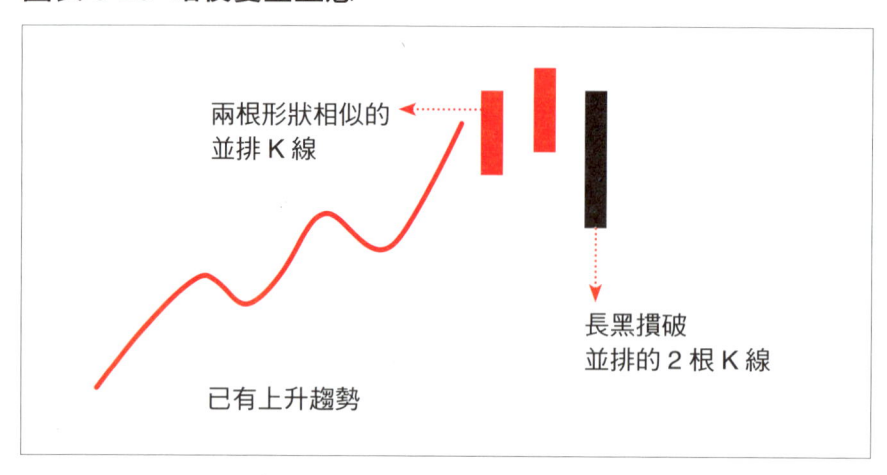

兩根形狀相似的並排 K 線

長黑摜破並排的 2 根 K 線

已有上升趨勢

圖表 3-21 台亞（2340）股價走勢圖

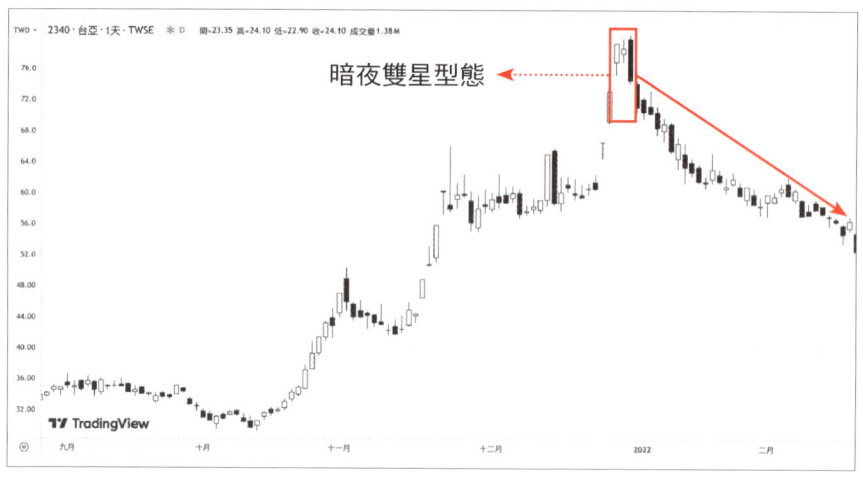

暗夜雙星型態

台亞（2340）在 2021 年時，曾因轉進半導體領域的利多消息，股價上漲一倍之多，直到 2021 年底出現暗夜雙星型態，反轉進入空方趨勢。

資料來源：TradingView。

144

抬,到 12 月 29 日出現一根跌破兩根併排紅 K 的長黑 K,之後股價急轉直下,轉為空方。(見左頁圖表 3-21)

空方轉折的判斷重點不在於放空,而是做多選股時不要誤踩地雷,以為強勢股拉回可以短線賺個價差。再強調一次,股價轉折代表力量竭盡,空方轉折即是原本的多方不再有拉抬股價的意願,應避免買進這類型的股票。

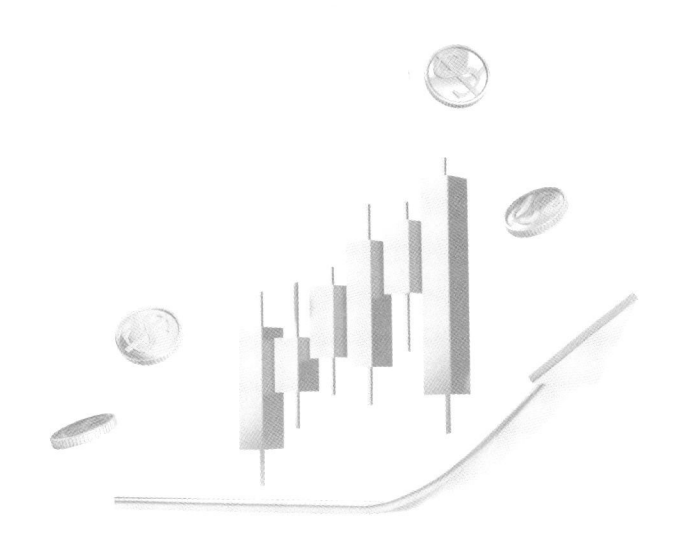

07 | 日出攻擊結束，賺到整段獲利

　　股價從創新高的第一天開始，用力往上拉抬形成攻擊走勢，是價差交易可遇不可求的精華操作區段，想要抱緊整段漲勢，就不能不提到「日出攻擊」。

　　要認識日出攻擊，就得要先認識「日出」。所謂日出，指的是 K 線的高點比前一天的高點更高、低點也比前一天的低點更高。連續的日出稱為日出型態，而若是在創新高之後出現日出型態，就是日出攻擊。

　　判別日出攻擊並不難，難的是如何才能從頭抱到尾、賺到整段獲利，而這裡所謂的「尾」，便是指日出攻擊「結束」。本來股價維持在每一根 K 線的低點越來越高的日出狀況，只要出現前一天的低點被跌破，就是日出攻擊的結束。但一般人很難把一檔強勢股票抱牢到底，更難的是必須等到跌破前一天低點（日出攻擊結束）時才能賣出，因為人心總會期望賣在最高點，而質疑正確賣股時機，進而錯失賺到整段日出攻擊的機會。

　　序篇提到過的亞翔（6139）日出攻擊結束，在先有日出攻擊的狀態下，跌破前一天低點時，日出攻擊就是結束了，是多方明確的停利點。（見下頁圖表 3-22）

攀高、續抱、快逃──K線之道

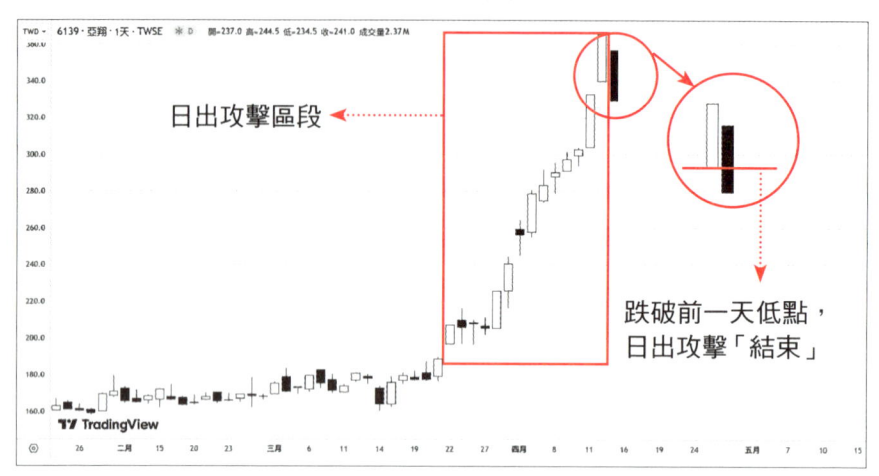

圖表 3-22 亞翔（6139）股價走勢圖

亞翔（6139）攻擊開始即呈現低點越來越高的日出攻擊，直到前一天低點跌破，才是「日出攻擊結束」。

資料來源：TradingView。

　　所有組合 K 線判斷中，除了高檔紅 K 被另一根更長黑 K 包覆的黑 K 吞噬外，日出攻擊的出現與結束是最簡易的判斷，但為何投資人聽得懂、看得明白，卻還是在應用時遇到障礙？

　　這是因為整個日出攻擊型態必須是，先有連續日出形成的日出攻擊，才有日出攻擊結束，才能用前一天 K 線低點作為獲利了結的出場停利點。但往往持股越多，越擔憂只是紙上富貴，於是找到某個拉抬就早早賣掉。或是一開始就買在錯誤的買點，先有了套牢的感受，只要有機會解套就想賣股，根本留不到日出攻擊。

　　還有另一個狀況是，學會判斷攻擊之後，只要股票一開始往上漲，就總想著會不會形成日出攻擊，期待強勢飆漲，一旦真的

漲了，又緊盯著股價波動，得失心太重，結果根本留不住股票。

做價差的目標應是賺大賠小，原則是先設定好停損點，只要股價沒有跌破就繼續持有；倘若遇到攻擊拉抬，就一定要整段行情都賺到，不能隨便找一天有高點或漲停，想先賣一波，認為反正還能再找下一檔，或是等股價拉回再買進就好。像是亞力（1514）在 2024 年 4 月 8 日至 12 日，五個交易日內，有四天的股價低點比前一天的高點還要高，代表不僅僅是日出攻擊，還是強烈的那一種。遇到持有這樣的股票，當然應該從頭到尾整段做完，也就是等到日出攻擊結束才出場。（見圖表 3-23）

圖表 3-23 亞力（1514）股價走勢圖

亞力（1514）在 2024 年 4 月上旬出現日出攻擊，且是連續向上跳空，攻勢最猛烈的那一種，當然要等到整個日出攻擊結束再出場，才是最好的價差交易策略。

資料來源：TradingView。

08 | 反彈的包覆黑K，說明股價有天花板

套牢賣壓是股價上漲的阻礙，如果有主力想要拉抬股價，遇到了高檔的套牢區，就得面對解套的賣壓。這時主力一定會先計算，如果要讓股價突破某個價位，需要花多少錢才拉得過去？若主力不準備拉抬，上漲又遇到籌碼趁機解套賣出的力量，就是俗稱的「股價天花板」壓力。

這種狀況呈現在K線圖上，會是在某個價位屢屢出現黑K，尤其是先有紅K靠近這個價位，隔日馬上接著一根黑K，代表這個價位存在實質賣壓，只要一來到這個價位，就會有人持續出脫股票。

我以威剛（3260）為例。威剛（3260）在2024年4月上旬至6月上旬的2個月內，股價三次在高檔區域的紅K之後出現明顯長黑K，這是有人利用股價波動至高檔時出脫持股，或是利用大盤熱絡時機展現賣壓，不見任何再拉抬的力量，證實這裡就是股價的天花板。散戶如果看不懂這樣的壓力型態，可能光是當日下跌5元就承受不了，甚至還加碼攤平，等到接下來的股價再跌3元，心態就會更加崩潰。（見下頁圖表3-24）

攀高、續抱、快逃——K線之道

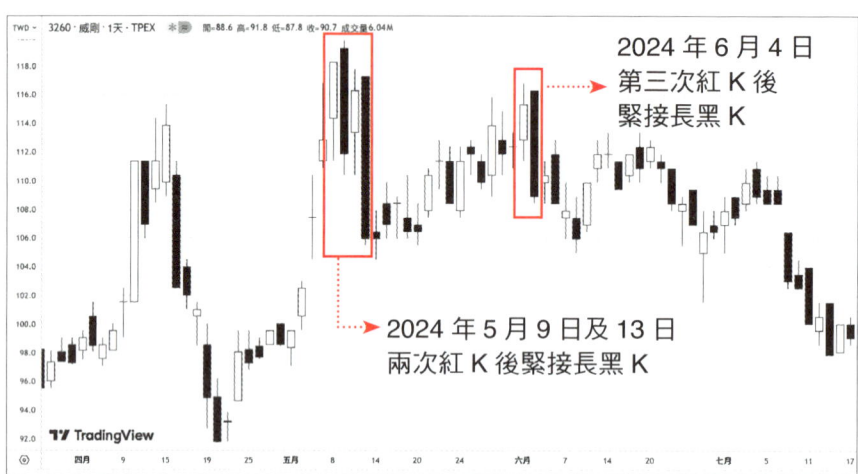

圖表 3-24 威剛（3260）股價走勢圖

2024 年 6 月 4 日第三次紅 K 後緊接長黑 K

2024 年 5 月 9 日及 13 日兩次紅 K 後緊接長黑 K

威剛（3260）在 2024 年 4 月至 6 月間，連續三次在 117 元附近出現紅 K 後緊接黑 K，顯示該區段股價有實質賣壓，是天花板壓力區。

資料來源：TradingView。

反彈紅 K 被黑 K 包覆

除了前述這種獲利了結賣壓之外，更大的壓力往往存在於拉回之後，尤其是以前有主力強勢上攻過的飆股。拉回往往是散戶認為能夠低買高賣的入手點，但經常是紅 K 的當日看起來反彈強勁，隔天馬上就被黑 K 包覆，讓搶短的人立刻套牢。

這種型態出現的次數越多，代表有越多層阻力，若整理時間超過 3 個月以上，就會慢慢形成頭部，變成壓力的天花板。看不懂這個型態，或曾在高檔獲利賣出、想在拉回賺價差的人，最後就會持有整個崩跌走勢。

同一個價位附近屢屢出現紅K，之後接續長黑，代表市場上有一股賣盤力量出籠，等於有「實質賣壓」，遇到這樣的K線組合應優先避開，用理性的壓力判斷對抗拉回買低的人性。

圖表 3-25　黑 K 包覆型態

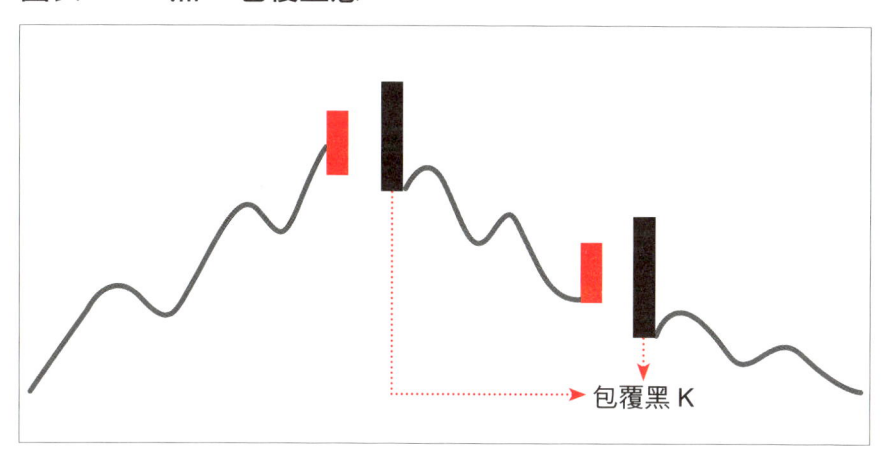

包覆黑 K

下頁圖表 3-26 的智冠（5478），股價在 2023 年 12 月飆漲一倍之後拉回，接近年底時反彈，但在 2024 年 1 月 3 日的紅 K 隔日馬上被黑 K 完全包覆，出現典型的反彈包覆型態，且同樣戲碼在 1 月 25 日再上演一次。在這樣的結構壓力之下，股價短期之內很難有表現。

從以上例子可見，上方有天花板壓力的股票不宜買進，有些人會期望，股價未來會從低檔漲上去，卻沒想過要抱著股票等待這種奇蹟多久，而我們又有多少時間可以等待？

攀高、續抱、快逃──K線之道

圖表 3-26　智冠（5478）股價走勢圖

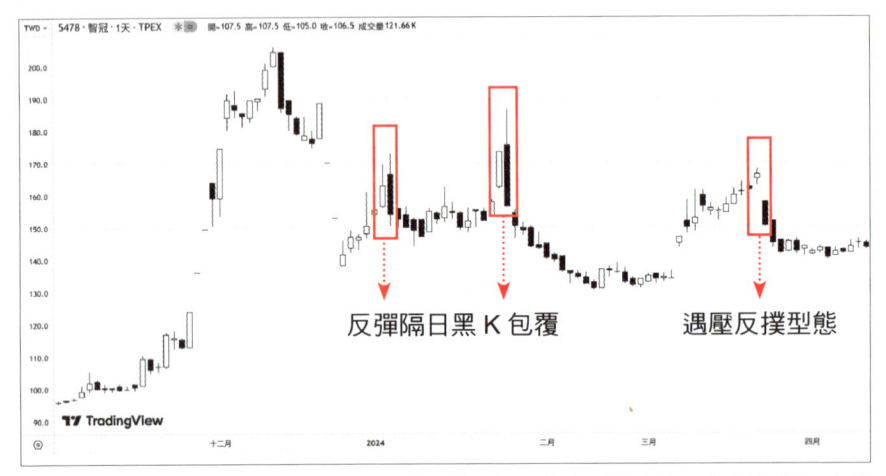

智冠（5478）在飆漲後拉回、再反彈時，於 1 個月內出現兩次黑 K 包覆型態，之後股價便難以越過這段壓力區間。

資料來源：TradingView。

09 主力防守的連續 K 線，絕佳買進時機

投資人在談論技術分析時，常提到「防守」二字。真正的防守，是股價先有攻擊走勢，卻遇到了大盤剛好回檔明確，且帶給市場濃厚悲觀氣氛，這時主力別無選擇，就只能撐住（防守）股價。因此，要看出「防守姿態」，就必須對比連續多日的 K 線走勢，與大盤之間的脈動。

我以 2023 年上半年的台股大盤及三陽工業（2206）來說明。台股在 4 月 17 日創下新高之後，連續 6 個交易日回檔，這 6 天之中有 5 天是黑 K，且指數直接下跌 600 點。通常在連續下跌的狀態下，市場氣氛會趨於悲觀，投資人從 6 天前覺得買得不夠多，到 6 天後變成持股滿是風險，就會設法減碼，紓解這股壓力，只是減碼優先減的是手上正在獲利中的股票。（見下頁圖表 3-27）

同一時期的三陽工業（2206）走勢非常清晰，從跳空一條線的攻擊開始，即便遇到悲觀的市場氣氛，股價不僅僅守在這一條線的攻擊位置，而且短短兩週之內，就有兩天爆出 4 萬張以上的巨大成交量。也就是說，持有三陽工業（2206）、且因為盤勢低迷而想要減碼的人，都趁這檔股票還在獲利時賣出；再加上這波看跌氣氛中，還曾經出了一根當日有攻上漲停板的上影線，散戶

攀高、續抱、快逃──K線之道

圖表 3-27 三陽工業（2206）對比台股大盤走勢圖

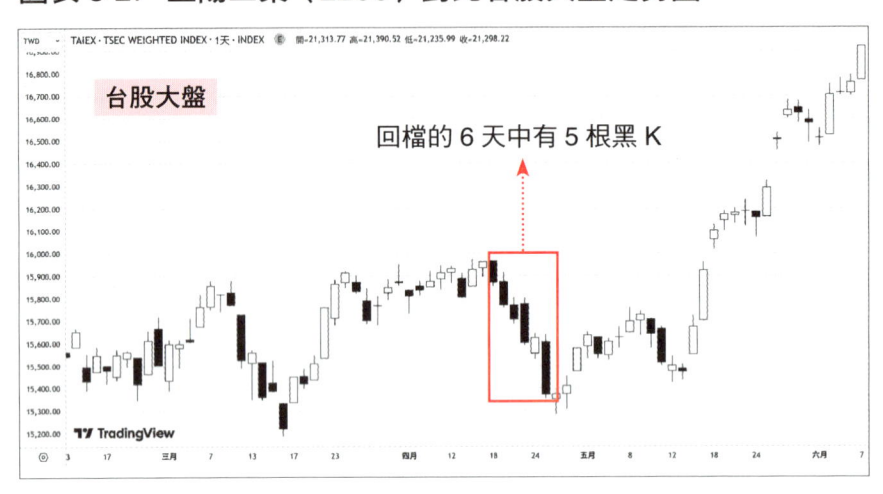

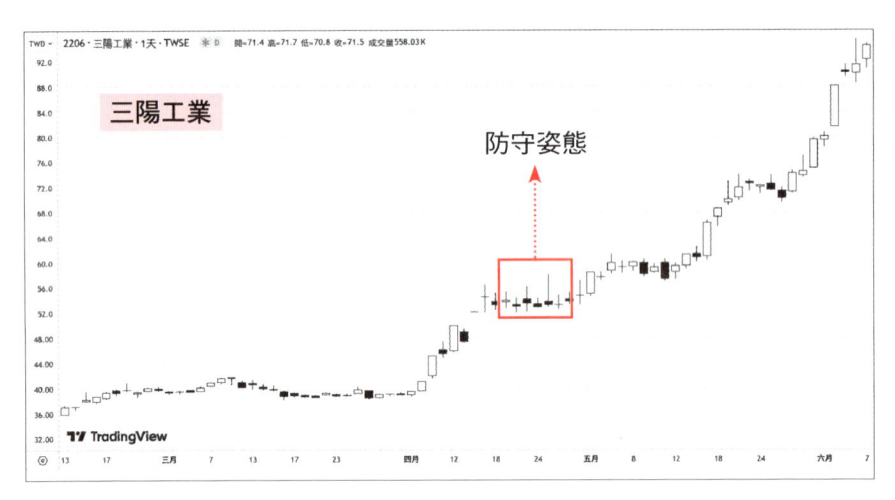

台股大盤

回檔的 6 天中有 5 根黑 K

三陽工業

防守姿態

台股在 2023 年 4 月 17 日創新高後回檔，市場氣氛轉趨悲觀，同時期三陽工業（2206）爆巨大成交量，由主力承接巨量賣單、守住股價，隨後發動攻擊拉抬，可見主力防守是絕佳防守姿態判斷。

資料來源：TradingView。

普遍認為上影線代表有賣壓，也會說服自己先獲利了結再說。

　　那麼，接走這些賣單的主力，未來會如何處理這些買下的部位？只要稍加推敲就能想到，既然花了這麼大的代價承接，當然要在大盤回穩之後狠撈一波，未來勢必發動攻擊、拉抬股價。因此，主力防守的連續 K 線，通常是絕無僅有的買進機會。

　　坊間的教學書籍很多，但通常只談 K 線的形狀或意義，很少教大家同時對比大盤的交易節奏，然而除非刻意比對個股與大盤的 K 線走勢，感受股市整體氣氛，不然根本無法找到防守股價的位置，就會錯失絕佳的操作進場時機。

10 外側三黑看出多單落跑的企圖

　　轉折組合基於力竭原理，但力量竭盡又該怎樣判斷？常見的判別方式，是把最有攻擊力的那一根K線、也就是持續創新高後紅K的力道被化解了，就可以視為力竭。例如黑K吞噬，就是再創新高的紅K被更長的黑K包覆；或是突破前高、創下新高第一天的紅K，被一根長黑包住，本來紅K的力量消失殆盡，就可以判斷為轉折出現。

　　另一種情況是，這根紅K並非被一根黑K包住，而是花了三根才跌破，這樣也是轉折意義，叫做「外側三黑」。（見下頁圖表3-28）

　　股價高檔時的新高紅K，如果被連續賣了三天，力量變化當然很明顯。多單退場後，會有很多籌碼被倒回市場，吸引投資人高賣低買、來回做價差，籌碼被散戶接走，短期內很難再有主力願意把股價拉上去，因此看到這個多單已經陸續離場的趨勢，就會知道股價已經易跌難漲，最好避開。

　　講到股價趨勢，往往也要考慮個股產業與基本面，如果不是未來會高速發展的產業，或是所屬產業成長性很好，但公司本身基本面卻不佳，當多方趨勢結束時，就不應該繼續跟著媒體做夢

攀高、續抱、快逃──K線之道

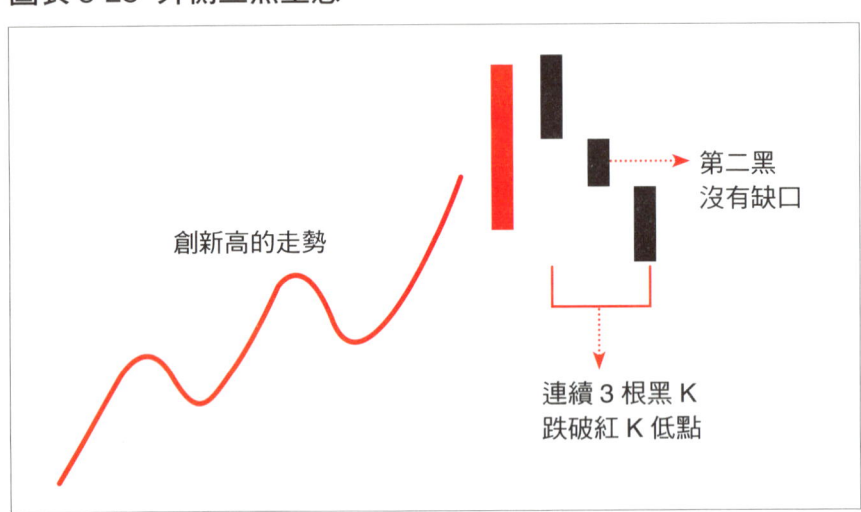

圖表 3-28 外側三黑型態

創新高的走勢

第二黑
沒有缺口

連續 3 根黑 K
跌破紅 K 低點

想像未來。另外有些內需型的企業，獲利很難高速成長，投資這些類型的股票，就要在上升趨勢線被跌破時趕快出場，若還能看懂外側三黑型態，在還沒跌破前先看出多單力量已經陸續離場，跟著出脫持股，那就更好了。

2021 年燦坤（2430）中期多頭的結束，就出現在「先有『外側三黑』，再跌破上升趨勢線」時，看懂外側三黑，就無須抱著多方趨勢時還要面對空頭走勢。（見右頁圖表 3-29）

多方趨勢下的外側三黑，才是真的轉折

若是更細節的判斷外側三黑，應是創新高的紅 K 之後，出現

連續三根黑K，且第一根與第二根黑K之間沒有跳空缺口。為何要強調沒有跳空缺口？是因為如果這個位置有缺口，就符合跳空反轉型態，已經是力竭的表現，也就無須再等第三根黑K出現。

外側三黑比較少見，因為大部分主力拉抬的股票，如果有好機會大量出脫，很容易先形成高檔長黑或黑K吞噬，或是變化更細微的暗夜雙星，只有連續三根黑K出現在有一定漲幅的創新高紅K之後，才會定義為外側三黑。

發生外側三黑的個股通常不是成交量大的熱門股，因為在大成交量之下，多單不會慢慢花三天分批出手，那樣太慢了，所以

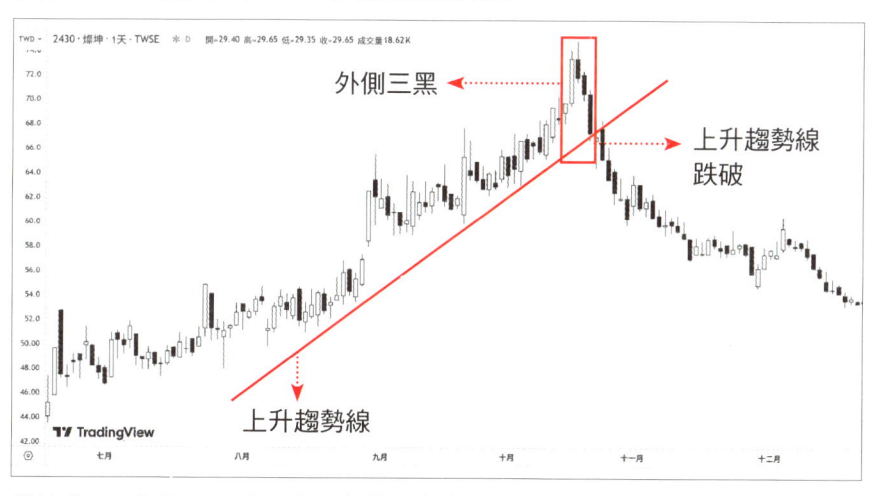

圖表 3-29　燦坤（2430）股價走勢圖

燦坤（2430）在2021年5月下旬進入多方趨勢，直到10月19日至21日出現外側三黑，空方轉折出現，再跌破上升趨勢線，股價連續下滑。

資料來源：TradingView。

攀高、續抱、快逃──K線之道

往往是高價股或冷門股較容易出現外側三黑型態。

傳統的 K 線教學解讀較單一，例如三連紅（連續三根紅 K）算是強勢、三連黑（連續三根黑 K）就算弱勢。但組合型態還須辨識細節，若是認定反過來呈現就是另一個方向的走勢，容易判斷錯誤。以三連黑來說，表徵上的確是弱勢，但也得辨別所在的位階、出現的原因與股價跌幅有多大，這些都代表不同的力量，如果原本不是多方趨勢，那麼三連黑當然也就沒有轉折的意義。

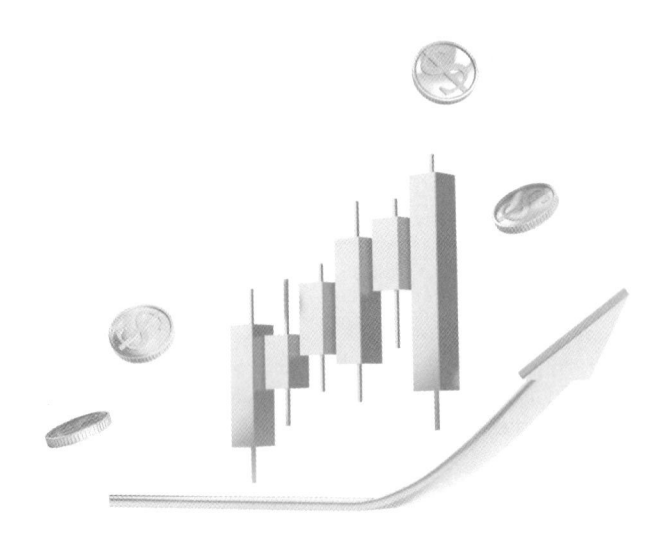

PART 4

學會基本招，讓你賺到70%的漲幅

01 看懂頸線突破的「當天」

假設股市投資有一招非學不可,那就是型態學中的「突破頸線」。學習K線必須先理解什麼是「關鍵K線」,當某一根K線的前後趨勢不一樣,這根就稱為關鍵K線。趨勢大致分為五種:多方、空方、盤整、攻擊及破底趨勢,這五種趨勢之間的轉變,都是關鍵K線出現的位置。其中,從盤整狀態轉變為多方趨勢的,就是頸線突破。

突破有兩大重點,第一個是經歷賣壓化解,第二個是創新高時股價在K線圖的右上角。(見下頁圖表4-1)看懂突破頸線後,我們再回頭看之前宏全(9939)的例子,這是一般教K線的書籍就看得到的教學方式,從已經漲上去的K線,和後來上漲的走勢,可以很清楚知道頸線突破是買進時機。(見下頁圖表4-2)

然而,既然已經學會怎麼判斷,也知道頸線突破是很好的拿分題,為什麼遇到難得的大多頭格局出現,盤面上有數百檔股票突破頸線時,結果卻總是一檔都沒買?這是因為,當身處股市中,情緒總是戰勝理智,明知道突破買進,但還是認為買低、買拉回比較安全。另一個關鍵原因,則是對於頸線突破的「當天」認識不清晰。

攀高、續抱、快逃──K線之道

圖表 4-1 賣壓化解的走勢

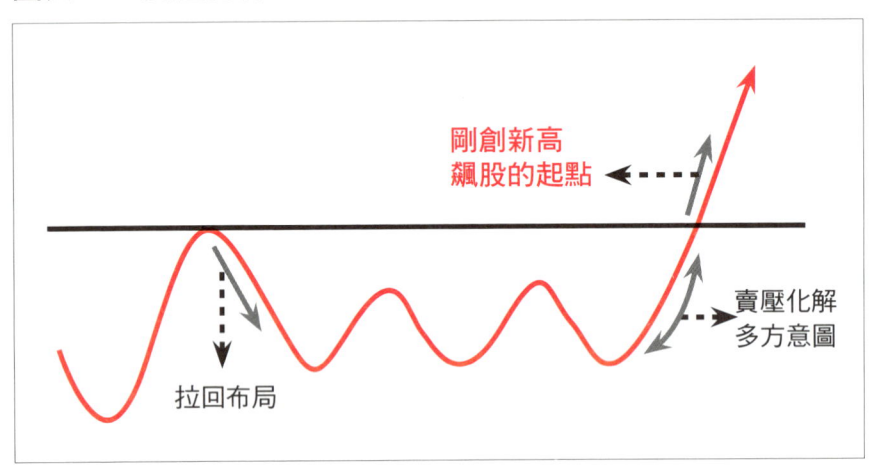

剛創新高
飆股的起點

拉回布局

賣壓化解
多方意圖

圖表 4-2 宏全（9939）頸線突破

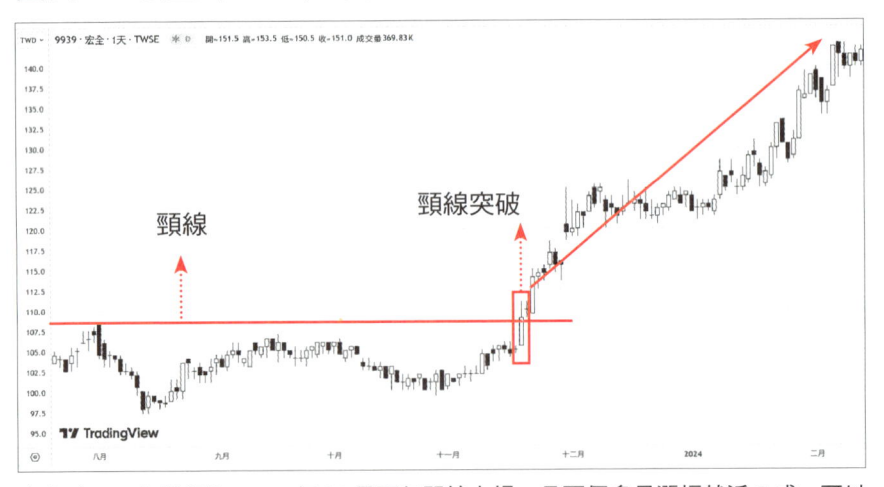

頸線

頸線突破

宏全（9939）股價在 2023 年 11 月下旬開始上揚，且兩個多月漲幅就近 3 成，可以看出頸線突破是買進時機，這也是一般的 K 線教學方式。

資料來源：TradingView。

PART 4　學會基本招，讓你賺到 70% 的漲幅

突破的重點是賣壓化解

我們在學習 K 線型態時，都是從過去的股價走勢圖學習辨認買點，可是大部分書籍的教學圖，都沒有提供突破「當日」K 線圖的長相。

圖表 4-3 是鴻海（2317）在 2024 年股價還權創下歷史新高的第一天，如果只看這張圖，投資人應該都不會意識到，這是突破頸線的進場點。突破創新高的第一天之所以重要，是因為拉抬股價的資金必須對套牢籌碼照單全收，有多少賣壓都得吃下，假如

圖表 4-3　鴻海（2317）股價走勢圖

鴻海（2317）在 2024 年 3 月 12 日拉出一根長紅 K，是當時創新高的第一天，K 線位置在圖的右上角，明顯是賣壓化解後的買點。

資料來源：TradingView。

167

攀高、續抱、快逃——K線之道

當天大盤的走勢不佳，甚至市場有恐慌情緒，這個資金數量還會更大。

2024年3月12日這天媒體報導，持有鴻海的散戶中有10萬張退場，股價最高來到119元。之後股價節節攀升，到7月分時漲到了234元。只要沒弄清楚原來判斷突破的重點是賣壓化解，股價會在K線圖的右上角，便不會想到這一天就是買點，也就賺不到後來將近一倍的漲勢了。

此外，型態學中的突破買進，不一定只有頸線突破，還有高檔整理過後的再次突破，尤其在長多趨勢下，股價越是強勢上漲、籌碼越穩定。很多堅持等到拉回再買的投資人，在發現自己錯過上漲行情時，都會說「沒關係，再找下一檔」。但他們沒想過，既然會錯過，就表示對於這種型態的理解有誤，如果不糾正過來，以後每一檔的突破都會錯過。

右頁圖表4-4的亞翔（6139）就是高檔盤整突破後飆漲的例子。2024年3月22日亞翔突破盤整區域，這天也是創新高的第一天。因為沒有任何主力會事先通知，所以一般投資人若是沒有持股，根本不會注意到股價創新高了，就算收盤之後發現了，也會有「不想追高、等拉回再買」的想法。結果創新高的隔天跳空攻擊呈現力量，股價自此再也沒有回頭，一路飆上366元。

害怕買在創新高的人可能會問，假如股價突破頸線後又回檔該怎麼辦？答案很簡單，不攻擊就是停損出場。人性往往不願承認損失，總抱持希望等未來漲上去再賣，但既然主力已經退場，

PART 4　學會基本招，讓你賺到 70% 的漲幅

圖表 4-4　亞翔（6139）股價走勢圖

亞翔（6139）2024 年 3 月 22 日突破盤整區域，這天也是創新高的第一天，若是這天沒有進場，就會錯過漲幅超過 9 成的獲利機會。

資料來源：TradingView。

又怎會再回頭拉抬股價？以瀚宇博（5469）為例，股價在 2024 年 3 月 22 日跌破頸線後持續下滑，到 7 月分已跌至 52 元以下，不停損就得吞下超過 3 成的虧損。（見下頁圖表 4-5）

　　投資股票，就是該留下攻擊走勢的個股，盡可能實現最大獲利；攻擊力量已消散的股票則應賣出，別把時間耗在不必要的弱勢股中，才能達到大賺小賠的目標。

169

攀高、續抱、快逃──K線之道

圖表 4-5 瀚宇博（5469）股價走勢圖

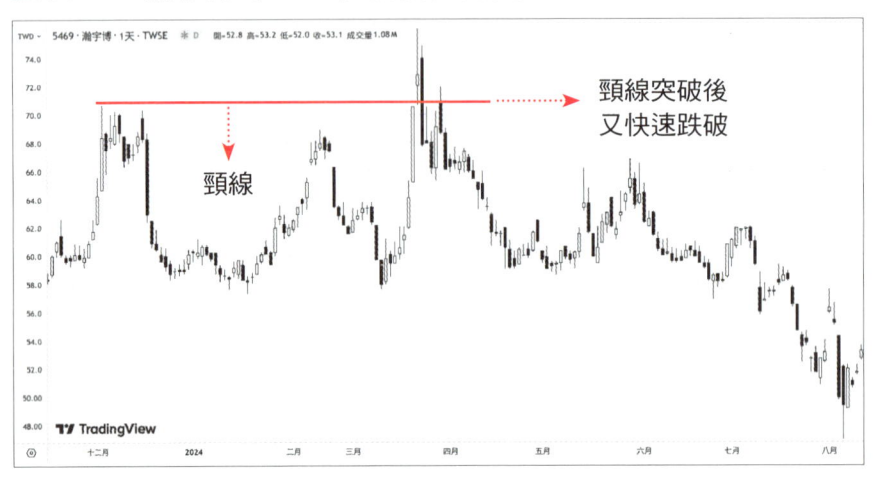

瀚宇博（5469）股價在 2024 年 3 月 22 日跌破頸線後，持續下滑至 52 元以下，若未在回檔時就停損，拉回買進，就會陷入套牢。

資料來源：TradingView。

02 | 趨勢變了，就全變了

　　技術分析領域裡有一本非常有名的書《亞當理論》（*The Adam Theory of Markets or What Matters Is Profit*），書中談到一個很重要的認知：在金融市場裡，價格是最真實的存在，趨勢是價格方面最重要的事。對比一下網路上很多人講的「價可以騙人、量不會騙人」，大家不妨想想哪個才是對的？

　　趨勢代表市場目前整體資金的共同方向，沒有邏輯道理可言，但有確認的方法。趨勢可以分為短期和中長期，不特別指明時間長度時，多半是指中長期趨勢。因為資金在股市裡的態度不會一日扭轉，尤其是大盤，轉變多空方向需要時間，籌碼也需要時間進貨、倒貨，所以一旦轉向，就表示方向已經全部改變。

　　判斷中長期趨勢的方法主要有兩種：季線及趨勢線。季線是3個月的平均價格，前文提到的頸線，即是季線下彎後的前次低點，或季線上揚後的前次高點連接而成。單獨季線就能代表中期趨勢，所以K線圖上其實不用設定太多條線，只需要看季線的上彎或下彎就能辨別方向，只是扣抵位置會影響季線的總和，所以我們需要進一步加入型態學來確認。

　　趨勢線分為上升趨勢和下降趨勢，上升趨勢由波動狀態下的

攀高、續抱、快逃──K線之道

低點連結而成，下降趨勢則由波動狀態下的高點連結，突破或跌破都代表趨勢改變。對於 K 線新手來說，要看出上升與下降趨勢不難，但要注意必須站在「趨勢改變」的位置來看，也就是前面談到過的「關鍵 K 線」。

圖表 4-6 上升趨勢和下降趨勢的走勢

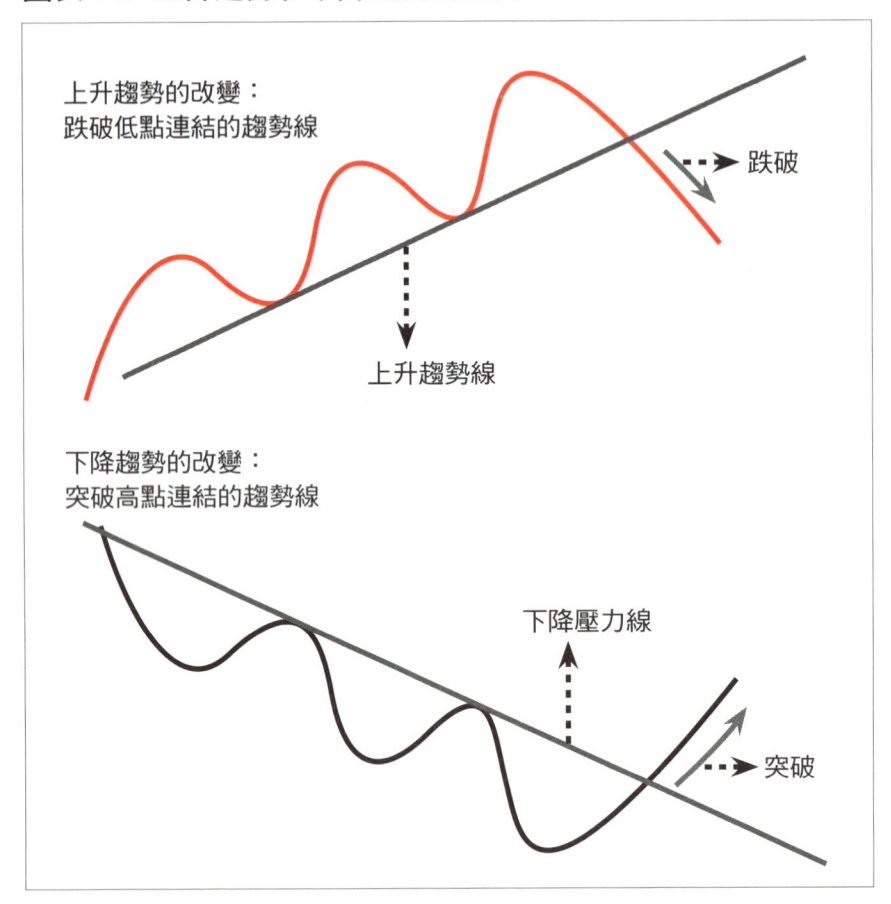

上升趨勢的改變：
跌破低點連結的趨勢線

跌破

上升趨勢線

下降趨勢的改變：
突破高點連結的趨勢線

下降壓力線

突破

趨勢線不能隨便畫，畫錯全盤皆輸

　　從投資決策來說，上升趨勢線跌破是停利點的最後設定位置，假如最高檔區域沒有出現空方轉折組合、沒有其他攻擊結束的樣貌，也沒有特殊意義的黑 K 出現時，就可以將趨勢線跌破作為停利點。另外，若打算在空頭市場逢低投資，也要至少等到股價改變了下降趨勢再說，也就是突破下降壓力線的位置，等同空方趨勢的結束。

　　頸線通常是最單純的停損點，意思是突破買進的個股，如果股價又馬上跌回頸線之下，就應該停損。要提醒的是，千萬不能小看趨勢改變的線，包括趨勢線與頸線，假如定義錯誤又過度堅持，就有可能根本還沒出現那條線，自己就隨便找一條來充當，畫錯線的結果就是全盤皆輸。

　　想要「人棄我取」的較佳時機，通常是在大盤空頭持續已久，市場氣氛悲觀之下，當個股已經先有明確的弱勢探底，之後股價突破下降壓力線，就表示空方趨勢已經改變。像是日月光投控（3711）在 2022 年 6 月上旬進入下降趨勢，7 月時有過一波反彈，到 10 月時又再次探底，11 月 7 日突破壓力線，顯示趨勢已經改變，之後股價持續上揚超過半年之久。（見下頁圖表 4-7）

　　可能有人會想：「為什麼不是中長期持續的逢低加碼、下降持有平均成本？」實際操作過就會知道，這麼做的最後平均成本，不見得會比買在突破下降壓力線更低，且在不知道未來股價會如

攀高、續抱、快逃──K線之道

何的狀況下,根本沒人能預設到真正的低點,也不知道股價在空頭期到底要整理多久,真正經歷過空頭的人就能體會,無須把資金放在這種未知的風險下,承受壓力又再做錯決定,解套就賣了。

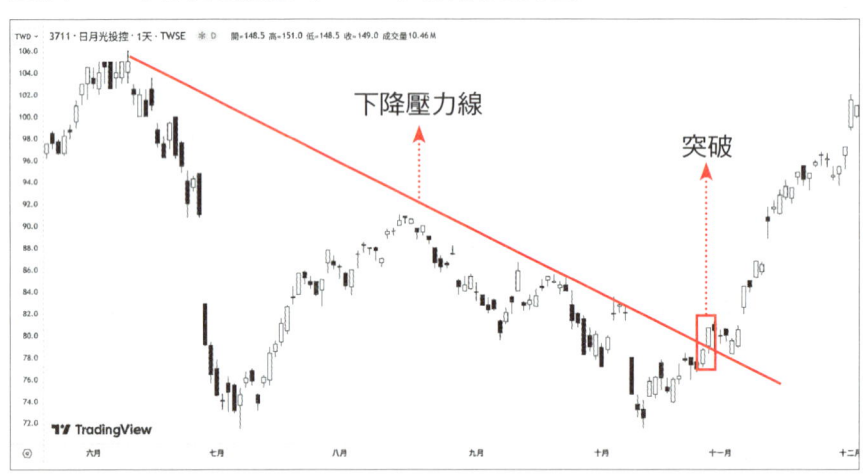

圖表 4-7 日月光投控(3711)股價走勢圖

日月光投控(3711)在 2022 年 6 月上旬進入下降趨勢,經過兩次弱勢探底,在近 11 月時突破壓力線,空方趨勢改變。

資料來源:TradingView。

所謂趨勢,除了大家都熟悉的多、空、盤整之外,還有強勢多頭的攻擊趨勢,和弱勢延續的破底趨勢,這兩個也是大多數投資人會犯下錯誤的位置。因為強勢的連續拉抬,會讓人擔心賺到的錢只是紙上富貴,決定及早賣出落袋為安,結果錯過最強的一段漲勢;應該停損時又不想承認虧損,改成持續加碼,等到破底

時已經持有很大的部位，股價不斷崩跌的同時，心態也跟著崩潰。

對於投資來說，趨勢變了，就什麼都變了。多頭市場之下，主力到處拉抬，一到空頭趨勢時，再笨的主力也會休息，因為任何拉抬都只是在幫散戶解套而已，不如等籌碼沉澱，空方趨勢改變後再說。當市場主力、散戶、法人的投資交易邏輯都變了，就不能再用前一段時間的波動表現來推測未來。

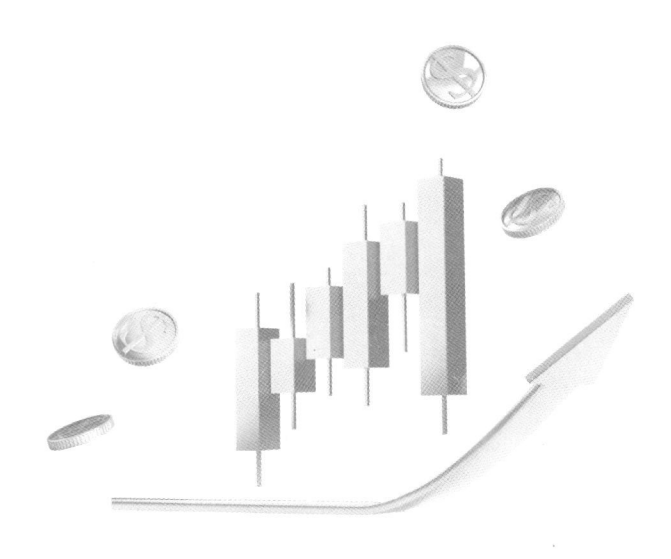

03 | 遇壓慣性改變看出資金心態

「慣性」兩個字很少出現在技術分析的用語上，全名是「資金慣性」，字面意思是，資金對於價格或指數上有某些看法。常見的是當某個價位有賣壓，資金認為只要到這個價位就應該出脫，在 K 線上便會形成「一到這個價位就有賣壓而下跌」的慣性，要到遇此壓力卻反而突破上去時，才是慣性改變。以下降壓力線的角度看，就是上一個反彈的高點突破。（見下頁圖表 4-8）

K 線圖上可以看到的過往走勢中，股價反彈遇到上一個壓力位置沒有越過，隨即往下跌，這是缺乏拉抬力道時的正常表現，統稱為「遇壓下跌」反應。這種上一次反彈因為賣壓湧現而未能持續，這一次又來到相同賣壓湧現位置，同樣往下跌的現象，必須直到某一次又到了相同壓力位置，股價卻越過了壓力點，就顯示市場資金對於股價已經有不一樣的看法與做法。

以欣興（3037）為例，遇壓下跌反應就是空方波動，可以依照反彈的高點連接成下降壓力線。當先有下降壓力線的突破，同時還越過前一次高點，就能判斷出資金已經對股價改變慣性，開啟多頭局面。（見第 179 圖表 4-9）

運用遇壓下跌反應判斷的時機不多，因為假如股價處於空頭

圖表 4-8 遇壓慣性及慣性改變

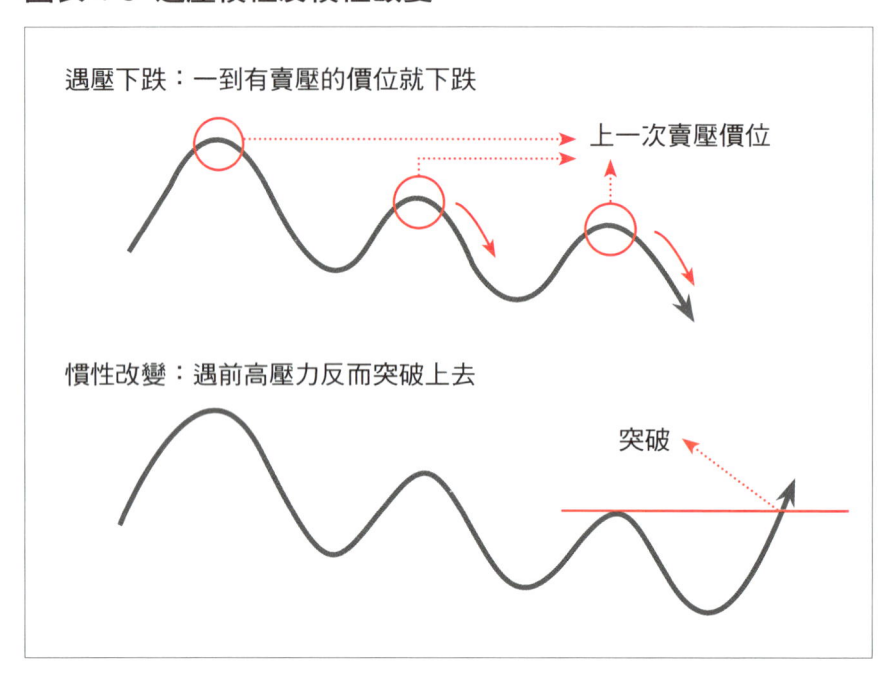

遇壓下跌：一到有賣壓的價位就下跌

上一次賣壓價位

慣性改變：遇前高壓力反而突破上去

突破

趨勢，判斷起來較單純，只須等到空頭趨勢結束再考慮是否進場就好，但有時遇到過去雖然回檔居多，可是整理時間太久，季線無法代表盤整狀態的趨勢方向，難以判斷弱勢的結束點，才需要考慮遇壓下跌的反應是否改變。

每個人都可以成為解盤分析師

許多投資人習慣看分析師解盤，然而其實所謂行情預測都是

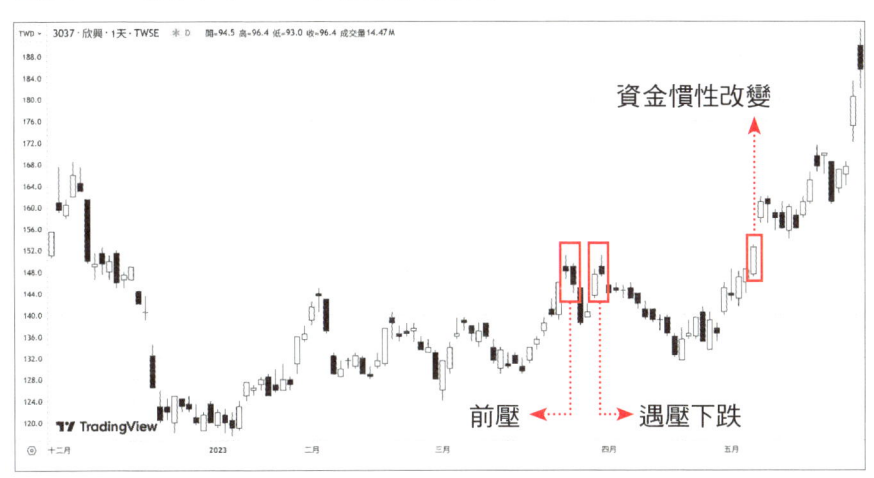

PART 4　學會基本招，讓你賺到 70% 的漲幅

圖表 4-9　欣興（3037）股價走勢圖

欣興（3037）股價在 2024 年 3～4 月兩次遇壓下跌，直到 5 月 8 日才突破下降壓力線，可判斷是資金已對股價改變慣性，開啟多頭局面。

資料來源：TradingView。

猜測。分析師尤其喜歡在市場跌深時，用各種角度解說低檔買進機會，正中投資人愛聽獲利希望的心態，於是就被這些無效資訊牽著走，把投資決策放在最高的風險之下。

　　我用台股大盤為例子。從 K 線圖的波動可以看出，已經有五次大盤的反彈都沒有越過波動狀態的前一次高點，這就表示市場一直處於遇壓下跌的反應中，也就無須對指數有任何樂觀的看法，半年後股價也確實持續破底。（見下頁圖表 4-10）

　　其實每個人都可以自行判斷股市的波動，根本不需要任何分析師解說，只要上一個壓力沒有越過，就不應該預設立場，尤其像台股大盤這樣已經超過三次遇壓下跌，那就更無須摸底。

攀高、續抱、快逃——K線之道

圖表 4-10 台股大盤走勢圖

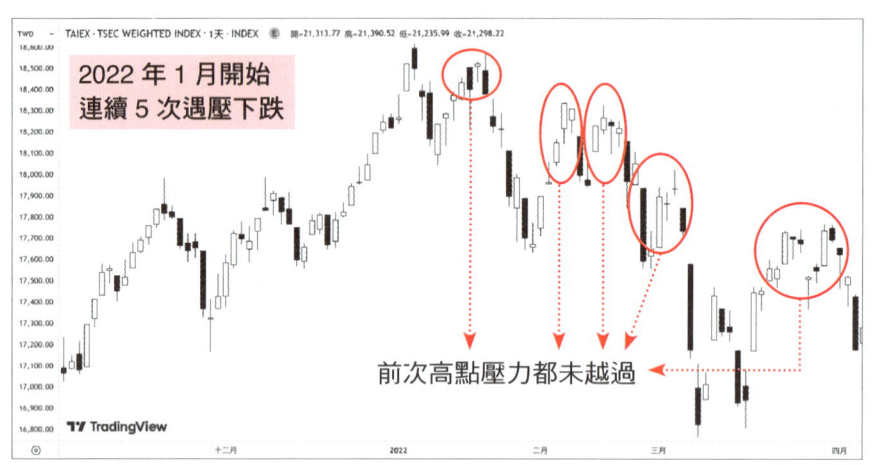

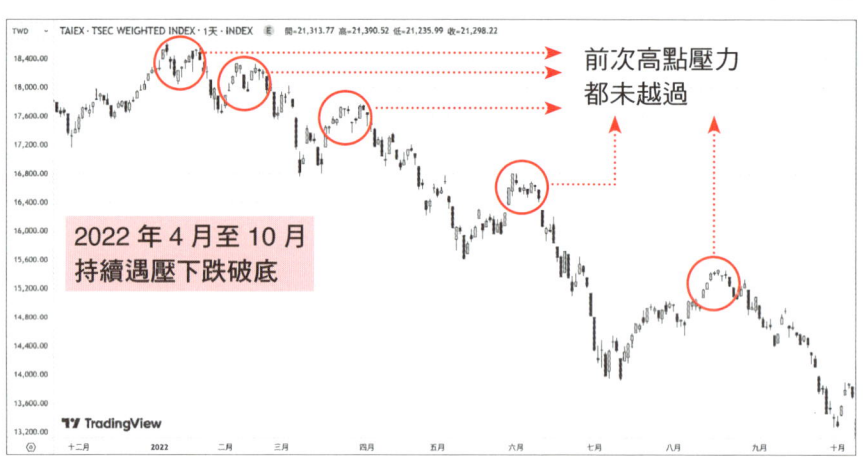

2022 年 1 月開始
連續 5 次遇壓下跌

前次高點壓力都未越過

前次高點壓力
都未越過

2022 年 4 月至 10 月
持續遇壓下跌破底

資料來源：TradingView。

　　真正的獲利希望，應該放在預期總有一天反彈會越過前一次高點，屆時再看好行情都來得及。想要投資獲利，只要練熟自己能夠理解的技術分析，不用虛幻的預測，自然順心如意。

04 | 移動平均線的扣抵計算

前一節說到，判斷多空趨勢的方式之一，就是季線的上升或下彎，現在看盤軟體非常便利，會提供固定的均線設定，只要點入系統、打開 K 線圖，上升或下彎一目瞭然。

不過，要理解季線的多空判斷，看的不是目前上彎還是下彎，而是上彎狀態有沒有可能馬上就要下彎了？或是下彎狀態是不是快要趨平或轉為上揚？這就要用到「扣抵位置」的計算，知道現在到底是「加高減低」，還是「加低減高」，就能確認季線方向會不會改變。

計算移動平均線前必須先知道，季線的位置是指，「從現在開始往前推 60 個交易日的平均收盤價」，隔日的季線位置也是如此計算，把每一天算出的位置連起來，就能繪製出一條季線。

第 61 天的季線位置與第 60 天的季線位置，數據差異在於多了第 61 天的收盤價，和少了第 1 天的收盤價，所以如果新加入的數字（第 61 天收盤價）比起扣除的數字（第 1 天收盤價）大，即是加高減低，季線位置就會上升，反之加低減高則會下降，而每次被扣除、明天就不包含在這 60 天範圍之內的位置就是「扣抵位置」。看盤軟體的 K 線圖通常都會標示扣抵位置，仔細找一下就

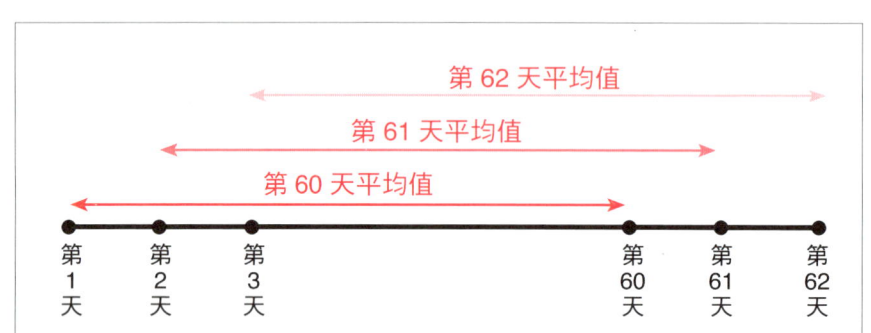

圖表 4-11 扣抵位置

第 62 天平均值
第 61 天平均值
第 60 天平均值

第1天　第2天　第3天　……　第60天　第61天　第62天

明天起不在 60 天內為「抵扣」位置

會看到。

即將轉彎的季線

對比現在的價位與扣抵位置的價位，若是現在股價比扣抵位置還要高，就表示季線會上彎。更進一步的判斷是，如果扣抵位置當時有急速下殺，就表示扣抵段會快速下降，等於只要現在的價格不變，季線計算的數值會自然上升，原本是下彎的季線便將會彎平或上升。同樣的判別方式，也能看出原本上彎的季線會不會變成下降。

我以台股大盤來說明（見右頁圖表 4-12），2020 年 5 月時季線處於下彎狀態，但是 3 個月前股市曾有短期大幅下降（3 月 6 日

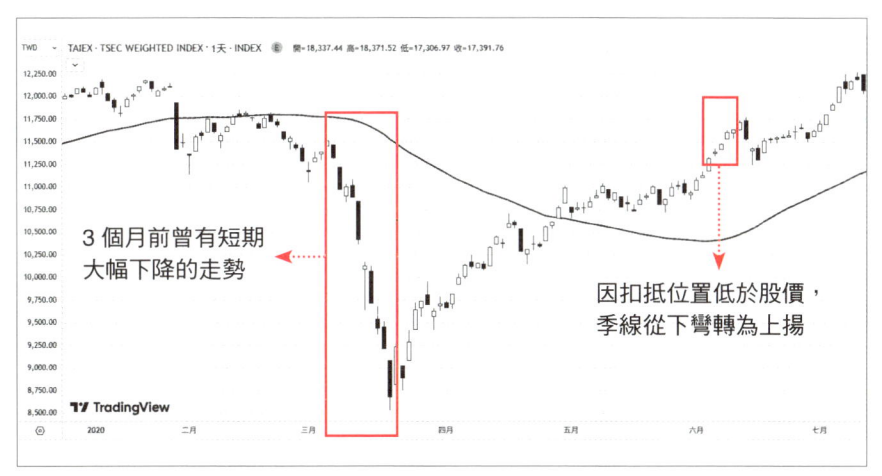

圖表 4-12 台股大盤扣抵位置說明之一

（圖中標註）
3 個月前曾有短期大幅下降的走勢

因扣抵位置低於股價，季線從下彎轉為上揚

台股在 2020 年 5 月前季線還處於下彎狀態，因 3 個月前曾有短期大幅下降的走勢，扣抵低值，因此季線從下彎狀態轉為上揚。

資料來源：TradingView。

至 3 月 19 日）的走勢，因此可以預期，未來兩週季線將會從下彎轉為上揚，若指數快速上漲，季線上彎的幅度就會變大。

確認行情方向的關鍵 K 線

扣抵位置之所以重要，在於與現在價格的對比，如果現在價格比扣抵位置高，均線就會上移；比扣抵位置低，均線則會下彎。因此，遇到盤整狀態或短期之內方向未明時，就要看扣抵位置的方向。例如接下來越扣越高，就會對季線的角度造成壓力，除非股價再創新高，否則季線下彎的壓力會變大。

攀高、續抱、快逃──K線之道

我再以2024年上半年的台股大盤來說明，從3月中旬至5月中旬，指數在2個月內先上揚、拉回，然後再往上，在這個關鍵時刻，季線的扣抵來到了3個月前（2月15日）的跳空向上，接下來越扣越高，且約兩週之後（3月4日）扣抵會達到19,000點以上，表示如果未來兩週指數往下，季線就會開始彎平，再久一點甚至可能出現頭部。（見圖表4-13）

會說這是關鍵，是因為若指數創下新高，表示60日總和加高減低，會讓季線維持上仰角度，也等於趨勢轉變向下的可能性明確降低。

圖表4-13 台股大盤扣抵位置說明之二

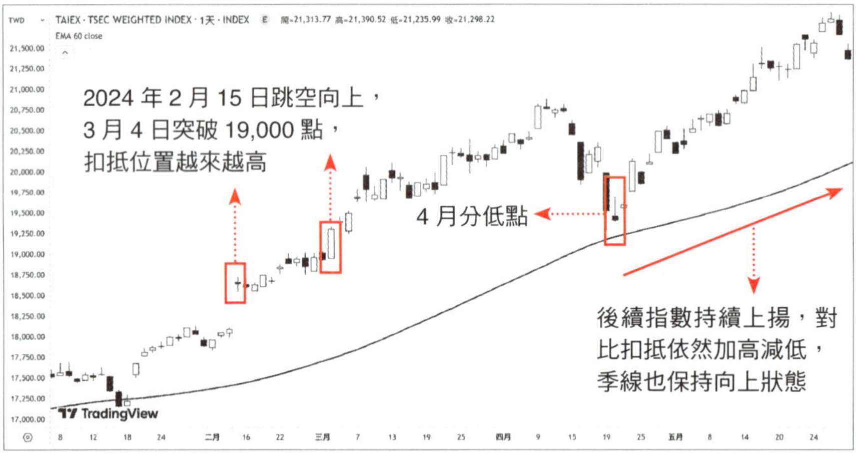

台股在2024年5月時，季線還處於上揚狀態，若5月再跌，甚至跌破4月分低點，就可能使季線下彎，形成頭部。所幸指數再往上，讓季線扣抵保持加高減低，持續上揚。

資料來源：TradingView。

季線的趨勢使用時機

季線的判斷主要適用於趨勢改變，例如季線下彎之後的前一個波段低點，就是空方的頸線，高點就是多方頸線，這算是很保守的判斷基準，也是我們能預先規畫如何面對盤勢變化的底氣。

不論扣抵位置在哪，只要股價創新高，就會加高（新加入的數字高），因此只要是新高價，季線就是繼續上揚。很多人認為價量有相互關係，卻又說不出兩者的關連變化為何，但季線是市場資金的共識方向，也是為什麼有創新高的股價，才有機會接續攻擊走勢。

或許太過於容易辨別的線，反而會讓人忽略了重要程度，扣抵位置與角度變化的緊密關聯，是很重要的投資判斷，也因為移動平均線太容易辨別，反而讓人忽略了，原來簡單、每天都用得到的基礎判斷最實際。

05 | 創新高第一天的重要觀念

　　股價創新高的最重要意義，是上方已經不再有任何套牢的籌碼，也是對比扣抵位置、確認均線會往上的原因。學術上稱之為突破，K 線上則有更清晰的名稱：攻擊意圖。

　　創新高的第一天，指的是股價來到新高，重點是第一天剛剛突破。創新高有兩種類型：頸線突破、突破前高。頸線突破是依據型態學原理，趨勢從盤整轉為多方狀態；突破前高則是依據多方波動原理，股價越過前一個波動狀態的高點，表示這個多方走勢持續進行。

　　至於突破之後股價會不會繼續往上走？會強勢拉抬還是慢慢推升上去？就要看市場資金的態度，沒有任何方法能預測。

　　如同我們在談頸線的意義一樣，突破之前經歷的就是「賣壓化解」階段，這個階段股價不容易大幅度上漲，因為主力必須吃下過往所有的套牢籌碼。唯有確實都吃下了，才是「攻擊意圖」的表示，所以在突破之前，沒有任何方法可以確認有沒有主力願意這樣做。從攻擊 K 線的原理來看，突破之後的隔天，才是展現「攻擊企圖」的開始，例如跳空攻擊、推升攻擊。

　　創新高的第一天，代表市場上任何持有這家公司股票的人，

攀高、續抱、快逃──**K線之道**

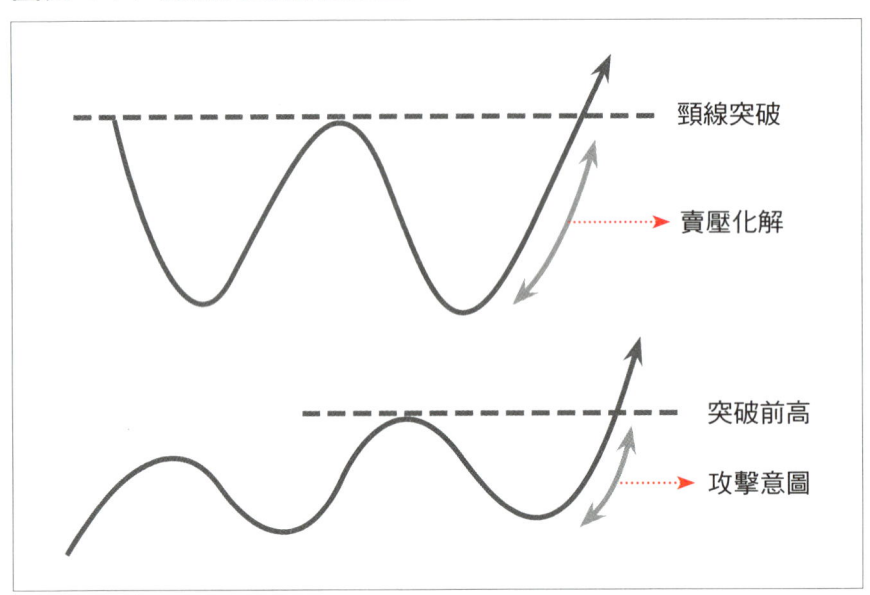

圖表 4-14 創新高的兩種類型

頸線突破
賣壓化解

突破前高
攻擊意圖

都不存在套牢,沒有套牢就不會有套牢賣壓,這與成交量沒有關係。然而很多人會加諸不必要的想法,例如上影線、價量背離、沒有底部型態等,這些都是錯誤的技術分析觀念。

在多頭市場裡,大家都想買到強勢大漲的飆股,只要多觀察所有飆股的特色,就不難發現,股票要飆往往是從「創新高的第一天」開始,也就是說,「創新高的第一天」是飆股必經之路。雖然創新高不代表股價就一定會飆,但從比例來看,就算 10 檔股票中有 8 檔沒有飆漲,採取停損出場,另外 2 檔成為飆股後,只要能掌握其中一檔的整個飆漲段,獲利將會遠遠大於停損總和。

PART 4　學會基本招，讓你賺到 70% 的漲幅

　　我一直強調，創新高的第一天是賣壓化解的表現，有資金拉抬股價漲上去，這是站在主力的角度看投資。只是總有些人以為飆股都有背後原因，認為找到了飆股的故事，就可以大賺一波行情。但從揚秦（2755）的例子可以看出，事實並非如此。

　　揚秦（2755）在台股創下 24,000 點歷史新紀錄的 2024 年，年初時的股價看似築底，然而這一年裡揚秦（2755）還再次破底，並不是因為公司營運變差，也不是營收衰退，真正的原因很單純，就只是沒有資金打算攻擊拉抬股價而已。（見圖表 4-15）

　　投資股票要有所斬獲，就得考慮市場資金的動向，只是憑藉自己對高低的感受，找底部的股票，就只能眼睜睜看著台積電（2330）、鴻海（2317）股價飆翻天，自己卻一無所獲。

圖表 4-15　揚秦（2755）股價走勢圖

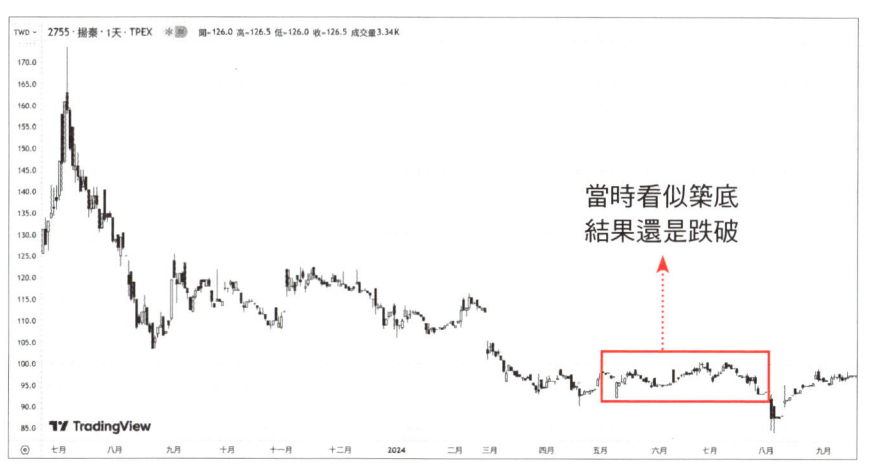

揚秦（2755）股價從 2023 年中開始下滑，超過一年半的低檔並非基本面出問題，僅是因為沒有資金拉抬而已。

資料來源：TradingView。

189

06 | 拉回的支撐、跌破的反彈，無效

股市裡永遠都有執著於買低、買拉回的人，因為人性是投資最難解的問題。在這樣的人眼中，同一個價位是突破後拉回，還是下跌後的反彈，會有完全不同的解讀，怎麼說？我用下面的例子來比喻。

某檔股票在創新高且漲了一倍之後，來到 50 元的價位，這時多數人都不敢也不願意買進，對於飆高的股價有所恐懼。但假如股價繼續往上漲到 70 元，之後又回檔到 50 元，這時人們就變得勇敢了，紛紛準備逢低承接。為什麼同個價位會有這麼不一樣的心態轉換？原因就在於投資人都有比價心理，彷彿以前有人買過 70 元，那麼現在 50 元就相對便宜。

東陽（1319）是一檔曾經飆漲過的股票，2024 年 2 月 27 日股價首次突破百元時，空手散戶多半不敢買進，但是當它衝上 134.5 元後再回到百元時，就願意買了。第一種想法是，認為曾經有過更高價，現在拉回承接似乎比較划算；第二種是曾經在高檔賣出的人，股價掉下來再買回，有做到價差的感覺。（見下頁圖表 4-16）

這些都是市場上散戶的普遍心理，股價正強勢時不參與，等

攀高、續抱、快逃──K線之道

圖表 4-16 東陽（1319）股價走勢圖

東陽（1319）在 2024 年裡股價兩次落在百元附近，第一次是從不到 60 元飆漲，第二次是從 134.5 元高點回檔，同樣是百元價位，但在投資人眼裡意義大不相同。

資料來源：TradingView。

到轉弱了才買進，結果就做到了股價的下跌弱勢段。其中的邏輯是，型態上股價已經跌破頸線，曾在回檔承接被套牢的人，開始攤平繼續加碼，忘了股價不只有地板，可能還有地下室，直到某日再次破底，手上早已一堆持股且嚴重虧損，不是一個反彈就能翻正，只好黯然退出股市等解套。

說到這，你還認為投資股票是買低、買拉回嗎？

壓力是真實的存在，技術分析不存在支撐意義

選擇逢低承接的人，還會認定股價拉回最重要的是找到支撐

PART 4　學會基本招，讓你賺到 70% 的漲幅

點。但所謂的支撐，其實是一種安慰劑，市場上常聽到的「不排除尋求支撐」，都是在安撫擔心行情繼續走跌的說法。

支撐通常是指，股價到了某個位階肯定會有進場的力量。但是除了跌到十年線時一定會有國安基金護盤之外，沒有任何一個價位可以肯定會有資金買進。試想，若有人說「尋求季線支撐」，但有誰是專門等待季線、等解套才要買股票的？偏偏就是有投資人盲目相信，這種找不到理論基礎的說法。

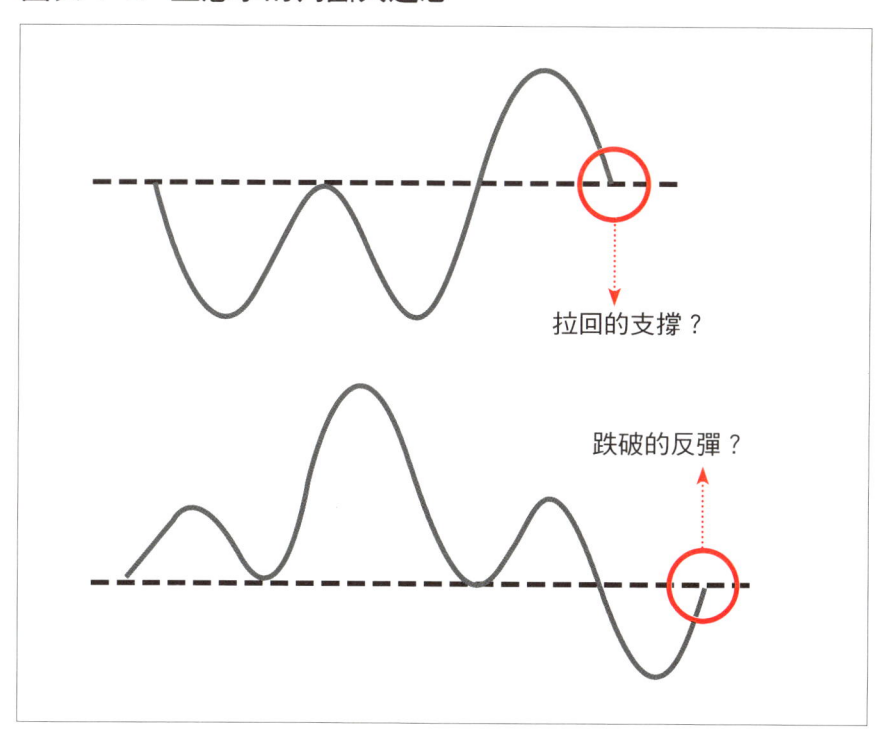

圖表 4-17　型態學的判斷與迷思

拉回的支撐？

跌破的反彈？

193

攀高、續抱、快逃——K線之道

　　相對的，壓力卻是確實存在的力量。例如某檔個股在百元價位曾出現歷史大量，之後股價跌深再回彈到這個位置時，就有大量套牢阻擋。如果套牢累積3個月以上，又再跌破下去，這段時間就是頭部型態，K線圖上都看得出來。

　　多數投資人都是用支撐與壓力來看待買賣點，所以相信「支撐不破找買點、壓力不過找賣點」。但實際上該怎樣找？根本沒有標準答案。不僅如此，如果股價突破了之後都沒有拉回，應該怎樣找買點？還是就放棄這段漲勢，眼睜睜看著股價一路飆上去？又或是跌破之後根本沒有反彈到壓力點，又該怎麼找賣點？難道任憑股價向下崩跌？

　　由此可知，突破就是突破、跌破就是跌破，與支撐或壓力沒有任何關係，無須用這些似是而非的邏輯配合自己買低一點、賣高一點的錯誤想法，對交易判斷沒有任何幫助。人心才是交易的障礙，技術分析的能力再強，若不解決人性問題，只會讓自己反覆陷入錯誤與盲點之中。

PART 5

價差交易的邏輯

01 | 高檔長黑就像打地鼠，捶掉紅 K 攻擊

　　遊樂場中有一種遊戲機臺和 K 線型態很像，那就是打地鼠，只要有地鼠冒出頭就用力打下去，就像股價創下新高的隔天，力量就被一根黑 K 打下去，這種型態的標準名稱是「高檔長黑」，其中的高檔便是指突破前高、創下新高的第一天位置。

　　創新高這個價位，理論上已經沒有任何更高價的套牢者，竟然還會出現開高走低的包覆長黑，這根賣壓當然就是來自於大量

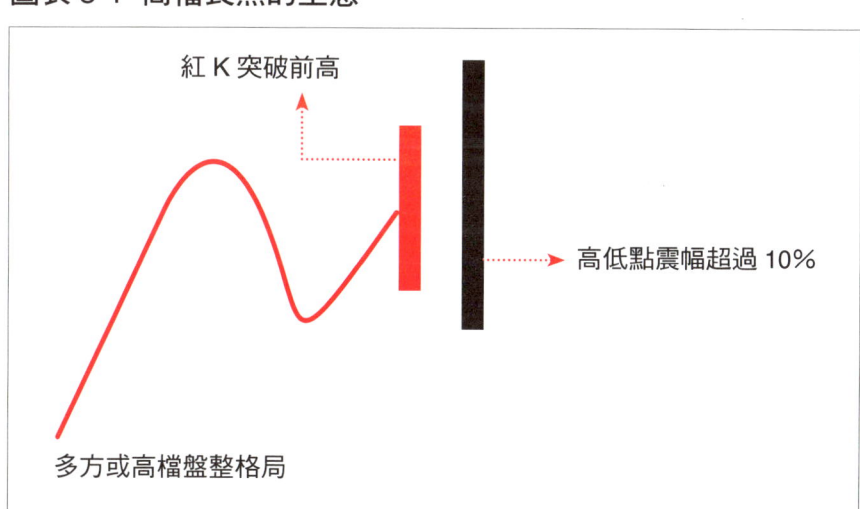

圖表 5-1　高檔長黑的型態

- 紅 K 突破前高
- 高低點震幅超過 10%
- 多方或高檔盤整格局

攀高、續抱、快逃──K線之道

的獲利了結賣單，等於一方面少了拉抬的意願，另一方面又多了盡快出場的賣盤。

定義上，高檔長黑指的是創新高第一天的紅 K，隔天被一根上下幅度超過一個漲跌停板幅度的黑 K 包覆，表示隔天股價不會再創新高。前一天是創新高攻擊，隔天卻不會再創新高，等於確認了股價不再攻擊。

既然是大量，表示這根黑 K 包含兩種交易，一種是獲利了結，另一種是有人趁拉回買進、下跌承接。兩者的結果不同在於，一個是資金賺錢出場，另一個因此被套牢，而被套者通常不願承受這樣的跌勢，就會在未來低點繼續攤平，但市場上的主力資金已不可能再輕易進場拉抬。

我以康舒（6282）2023 年的走勢為例，原本的多方波動狀態，是 7 月 17 日的高點越過上一次（7 月 5 日）高點，但是越過後隔天卻被賣壓打了下來，7 月 18 日高點與收盤價的幅度超過 10%（7 月 18 日最高價 59.5 元，當日低點 52.2 元）。這代表隔日就算股價漲上去，也都是黑 K 這一天進場的套牢者解套而已，並非有主力進場，因為若大資金真有心再拉抬，股價就不會跌成這麼明確的長黑。（見右頁圖表 5-2）

黑 K 的長度決定阻力大小

新高價之後的黑 K，表示當日賣出的股票除了當沖者，幾乎

PART 5 價差交易的邏輯

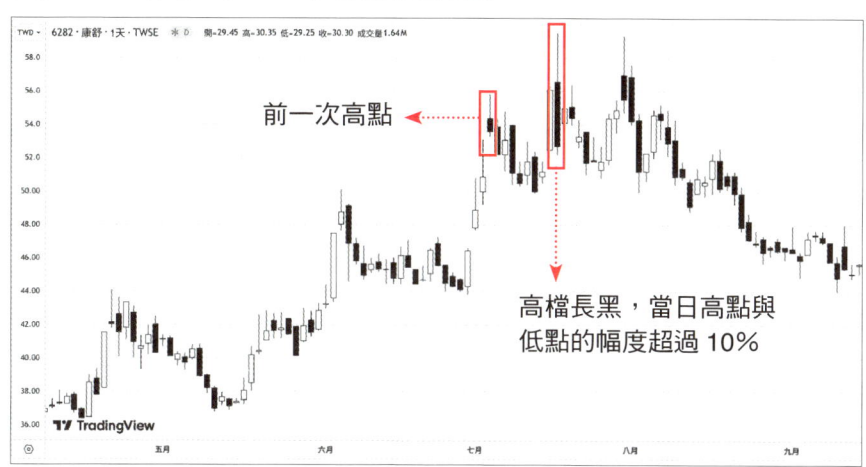

圖表 5-2 康舒（6282）股價走勢圖

前一次高點

高檔長黑，當日高點與低點的幅度超過 10%

康舒（6282）2023 年 7 月 17 日的高點越過上一次（7 月 5 日）高點，隔天 7 月 18 日就被賣壓打了下來，7 月 17 日攻擊拉抬紅 K 的力量完全消散。

資料來源：TradingView。

都是獲利了結的賣盤，黑 K 之所以很長，是因為當天最高點大量賣出的部位，資金並沒有打算再買回，所以越跌越低，變成了長黑。同時，長黑在當日的走勢就是空方波動，也就是盤中越跌越低、一波比一波低，一旦撿了當天拉回的籌碼想占一下便宜，結局便是先套牢。

一邊是獲利了結，另一邊是等待賺點價差，黑 K 的長度就決定了股價上漲的阻力會有多大。別小看這樣一根長黑，它其實就是實質賣壓出籠的位置，因為散戶不可能約定好大家同時間用力賣出，這個大量顯然是刻意的賣盤。

再看到生達（1720）的例子（見下頁圖表 5-3）。力量受阻是

199

攀高、續抱、快逃──K線之道

空手者的客觀判斷,但身陷交易中的當事者卻未必看得破。當股價突破了六個多月的盤整趨勢,因為上檔已經沒有阻礙,又是在多頭市場裡的績優股,應是怎樣漲都可以,卻沒想過股價開得極高,卻一路往下,形成高檔長黑。

當跳空缺口被回補、前日創新高的紅K也幾乎被淹沒,同樣顯示這檔股票目前沒有攻擊的意願。這情況並非這家公司不能投資,而是若想要股價再飆上去,這根長黑就是阻礙。

圖表 5-3 生達(1720)股價走勢圖

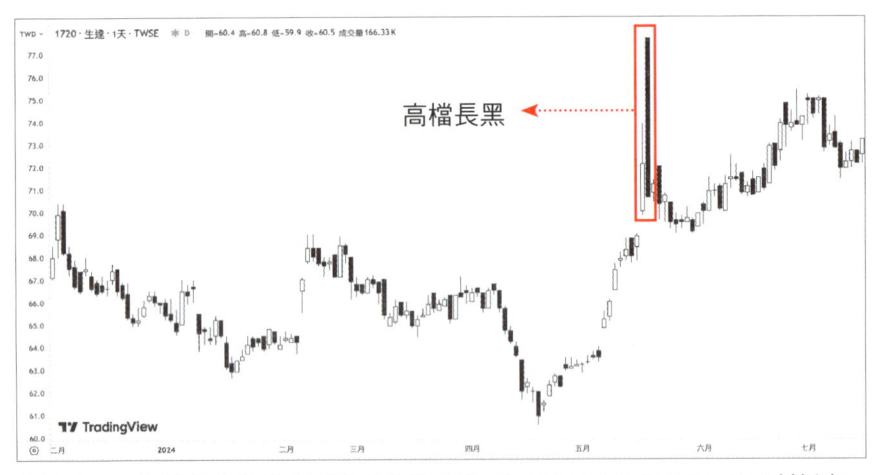

生達(1720)股價在經歷六個多月的盤整後,終於在 2024 年 5 月 17 日創新高,卻沒想到隔天拉出高檔長黑,攻擊力量沒有出現。

資料來源:TradingView。

02 與主力同行

坊間不乏談論「主力思維」、「站在主力的角度」、「主力的力量」等的書籍，閱讀的人很多，但實際做投資決策時，卻不一定真正站在主力的角度思考，因為知道不等於做得到，一旦面對波動，依然有著買高的恐懼。

主力要出貨，必須有承接的買盤才賣得出去，如果散戶不敢追價，主力就無法出貨，這是很基本的道理。若是懂了這個概念，卻還是只想買低，那仍然是只在乎自己的感受，並未真正站在主力的思維來判斷 K 線。

股價高或低是一種即視感，大多數人會以現在的股價和過去比較，比之前的價位高就不敢買進。我們先不理會買或不買，只討論股價到底是誰拉上去的？以所羅門（2359）為例，2024 年 3 月 26 日這一天七萬多張的成交量，既然散戶都不敢追高買進，那主力要出貨給誰？因此當然沒有「拉高出貨」。尤其是前三根一條線的漲停板，想買都買不到，直到第五根才有成交量，但散戶不可能追買已經上漲 5 成的價位，那麼，這個大量又是誰買進的？（見下頁圖表 5-4）

這就是主力角度的思維，散戶不會追高，就沒有主力出脫的

攀高、續抱、快逃──K線之道

圖表 5-4 所羅門（2359）股價走勢圖

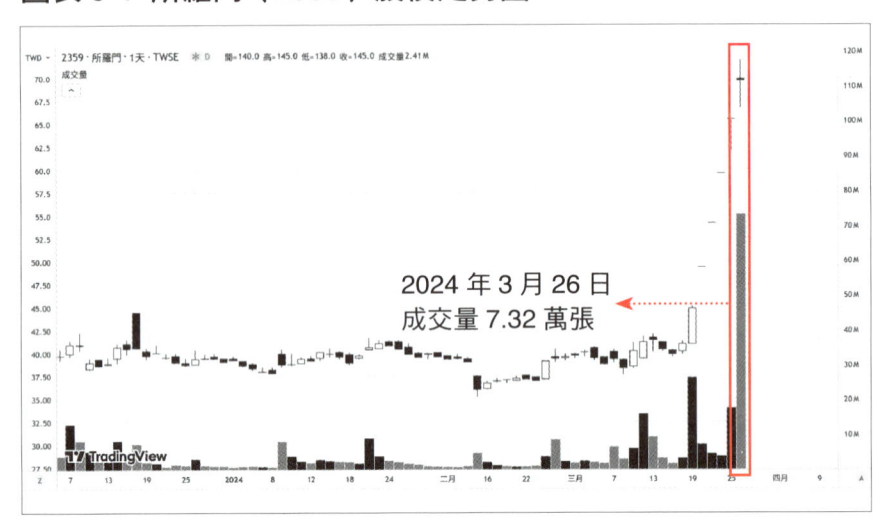

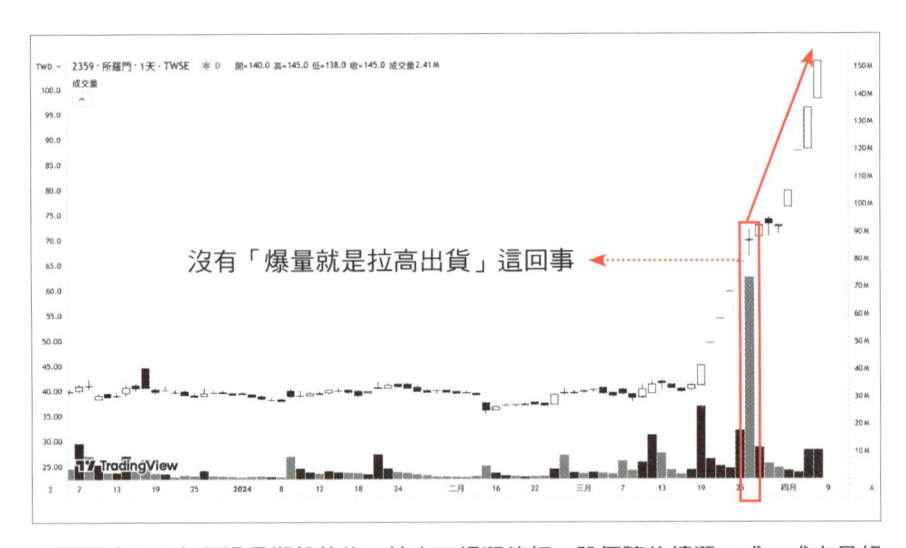

2024 年 3 月 26 日
成交量 7.32 萬張

沒有「爆量就是拉高出貨」這回事

所羅門（2359）經過長期盤整後，拉出三根漲停板，股價隨後續漲 5 成，成交量超過 7 萬張（上圖），7 個交易日後股價再向上突破百元（下圖），可見沒有主力「拉高出貨」這回事。

資料來源：TradingView。

PART 5 價差交易的邏輯

機會,也就是強勢股中的立場判斷。

投資人最大的問題就是,一旦不敢,就會開始找理由或股市中流傳的話術當藉口,例如「拉高出貨」。可是明明自己不可能追買高價,又說股價拉高可能是主力出貨,試問主力要出貨給誰?仔細一想,就能找出這個說法的破綻。拉高是一種股價的攻擊狀態,需要有買盤進場用力追高才可能出現,既然是主力越買越多,又怎麼會是出貨?

然而絕大多數的投資人還是相信有「拉高出貨」,並且用它來安慰自己,不買強勢股是在避免風險,忘了這根本不符合主力的立場。於是錯過的強勢股越來越多,更糟的是還等到股價下跌後拉回承接,買在強勢股轉弱之後,沒想過這時候的主力已經拍拍屁股離場。

以中櫃(2613)為例,投資人習慣不做強勢股,就是要等拉回才買,就等於主力拉抬的力量都離開了,才要接手股票,當然不可能跟主力站在同一邊,也就理所當然做到弱勢股。(見下頁圖表5-5)

不選擇在股價強勢時交易,就等於避開了股價最具拉抬力量的時期。當股價有明顯幅度的回檔,表示資金力量已經退卻,這時才想買進,便是站在主力的對立面,這是一般投資人總是逃不開「等待解套宿命」的主因。

攀高、續抱、快逃──K線之道

圖表 5-5 中櫃（2613）股價走勢圖

等到拉回才買進是投資人的習慣，往往會持有弱勢，中櫃（2613）強勢上漲時期散戶不敢買，後來拉回才進場，容易買到弱勢狀態。

資料來源：TradingView。

站在主力的角度持股，獲利會以倍數增加

　　站在主力的角度來決定「是否繼續持有股票」，比每天不停找買賣點、頻繁做價差重要得太多，因為績效上的差距往往以倍數計算，遇到像是亞力（1514）、亞翔（6139）這種出現過連續飆漲的股票，一旦錯賣，差異便很可觀，而且不是「再找下一檔」就可以彌補回來。（見右頁圖表 5-6）

　　股票交易是一種時機財，比的是每個人在關鍵時刻的判斷能力。有時一個觀念落差，影響的可能是每張數千元到數萬元的績

PART 5 價差交易的邏輯

效差異，長期累積下來，對資產部位會有決定性的改變。

股價還在攻擊狀態時，要忍住不賣手中持股，是一個很難的決定，畢竟獲利了結、入袋為安已是散戶根深柢固的觀念。等到主力攻擊結束，與主力一起賣出退場需要勇氣，因為這時股價已離最高價有距離，考驗著「想要賣在最高價」的一般投資心理，但這樣的勇氣可以透過培養實力慢慢展現出來。

圖表 5-6 亞翔（6139）股價走勢圖

亞翔（6139）股價經過三個多月的盤整後，在 2024 年 3 月 28 日創下新高，之後半個月內飆漲近 8 成，若錯過創新高買點，一張股票的獲利差距將達 16 萬元。

資料來源：TradingView。

03 當K線像座山，內藏套牢危機

若把股價的強勢多頭想像成一場盛宴，最熱鬧時主菜頻上，參與的人酒足飯飽，場外圍觀者羨慕不已卻遲遲不敢加入。直到人潮漸漸散去，餐桌上已經杯盤狼藉，此時在外圍觀的人才開始進場，餓著肚子以為等一下還會再上主菜，堅定的抱著希望，認為盛宴會再來一次。結果廚師已下班、等不到佳餚，又不甘心就此離開。

這種「資金熱絡的盛宴」已經結束的股價情況，呈現在K線圖上就是「一座山」的走勢。

既然稱為一座山，表示不只有股價後來的大幅度回檔，還包含先前出現過的明顯異常飆漲，漲幅甚至超過了基本面。等到拉抬停止，進入如同下山的走勢中，開始會有人在初期拉回買進，到股價接近山腳時，再有逢低承接、人棄我取的買盤，形成層層套牢的狀態。

假如前面的飆漲是因為公司有短期訂單效應，讓這個年度的每股盈餘突然暴增，那麼一年之後財報回到過去的狀態，這座山就很難再改變形狀，那些層層套牢者便會陷入長期等待解套。這樣的例子並不少見，例如新冠疫情期間的耳溫槍、醫療手套原料、

攀高、續抱、快逃──K線之道

圖表 5-7 熱映（3373）及南帝（2108）股價走勢圖

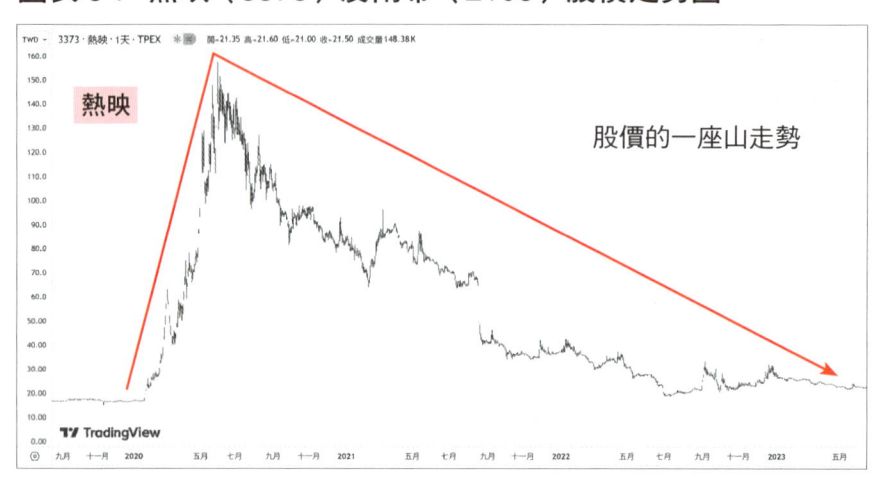

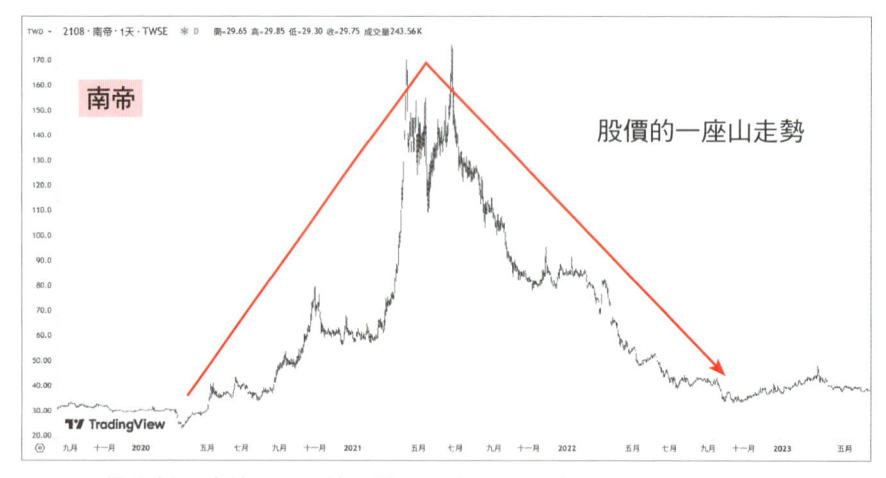

熱映

股價的一座山走勢

南帝

股價的一座山走勢

2020 年爆發新冠疫情，耳溫槍、醫療手套、口罩等需求激增，主要產品為耳溫槍、額溫槍等精密溫度儀的熱映（3373，上圖），及生產醫療手套乳膠原料的南帝（2108，下圖），股價都隨著訂單瞬間爆增效應，最後回到原點，股價形成一座山的走勢。

資料來源：TradingView。

口罩概念股等，都是這種一座山的狀態。（見左頁圖表 5-7）

短期利多最容易出現一座山走勢

　　要預防買到一座山走勢的股票，必須確定股價當初飆漲是否為做夢行情所致；假使財報數字也短期亮眼，就得更深入了解營收成長的原因，判斷是否為當下大環境因素導致，例如疫情驅動生技醫療類企業訂單激增，只要看到營收不再成長，或盈餘開始衰退，就不能再進場加碼或攤平。

　　市場上有不少投資人或分析師，以為股價漲跌是由利多或利空催動，其實完全不是這麼回事。股價是否飆漲的契機，必須看有沒有資金願意拉高股價，後續會跌成一座山，也是因為資金已對這家公司沒有任何行動，而股價的高點在哪，也是由主力資金決定。

　　我以北極星藥業-KY（6550）解釋。北極星藥業-KY（6550）研發的肺間皮癌新藥，在 2022 年 9 月 21 日宣布解盲成功，但在公告這個利多之前，就已經在 9 月 6 日出現過「黑 K 吞噬」的反轉組合，宣布解盲成功後，隔日跳空漲停一條線、再接一根長黑，然後就下山了。（見下頁圖表 5-8）

　　一定不少人疑惑，解盲成功不是利多嗎？為什麼股價再也沒有好的表現？這都是因為，利多消息不過就是消息而已，所有賭這家公司會解盲成功的人，都早在解盲之前就已經買進了，既然

攀高、續抱、快逃──K線之道

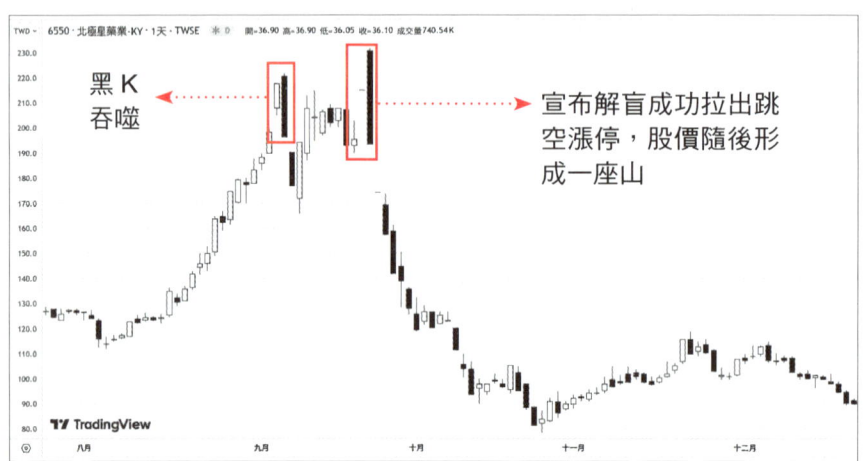

圖表 5-8 北極星藥業 -KY（6550）股價走勢圖

黑 K
吞噬

宣布解盲成功拉出跳空漲停，股價隨後形成一座山

北極星藥業 -KY（6550）新藥解盲成功看似利多，股價應會上漲，但其實賭解盲成功的人已經獲利了結出場，沒有資金願意再推升股價，便走出了一座山的走勢。

資料來源：TradingView。

預期想要的結果已經實現，又有什麼好期待的？當然就是獲利了結出場，誰還會去幫「拉回布局、逢低承接」的人推升股價，讓他們賺錢？因此股價從攀升、達到巔峰，到轉向下行，都是資金力量的運作。

山裡包含層層套牢

股價的波動源自於市場資金的規模、意圖、拉抬企圖、態度、慣性等因素，並非股價夠低就一定會有主力去買，也不是只有績優股才會飆漲，一切的重點都在於，對主力來說到底是否有利可

圖,如果沒有,就不會有飆漲的機會。

一座山的走勢代表股價曾經飆漲過,剩下的只是越來越多的攤平與承接,都變成套牢賣壓,這也是「利多出盡」的基本原理,當一個大家期待已久的利多出現後,就不再有任何誘因催動股價。

層層套牢是一檔股票長期沒有表現的結構阻礙,這才是投資要有的心理準備、價差交易者必須優先避開的選項。假如沒有認清這種型態,資金就會被卡在山裡,耗盡精力與時間。

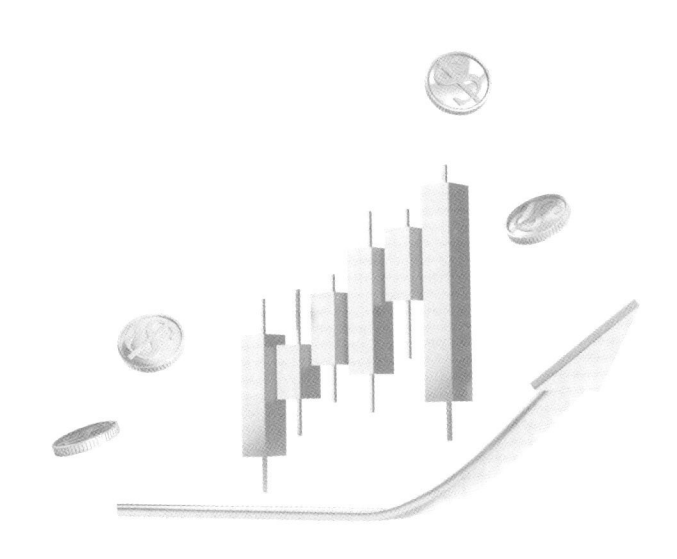

04 | 你以為的利多不是利多

利多、利空的判斷常常是投資人的盲點，現在資訊流通速度飛快，且容易被塑造，散戶沒有足夠能力辨識資訊正確與否就照單全收，甚至再好康逗相報，把似是而非的觀念擴散給周遭親朋好友，大家長期累積這些錯誤資訊，漸漸失去判斷能力。

2016 年市場討論最多的利空，就是三隻黑天鵝：英國脫歐、川普當選及美國升息。當時這三隻黑天鵝都實現了，依照利空會影響股價表現的理論，這麼重大的國際性利空消息，全球股市理應會回檔好一段時間，結果卻都是只跌了兩、三天又開始上漲。為什麼會如此？這是因為在利空被確認之前，相關消息報導就已反覆討論過，擔心會有負面影響的資金早就脫離了，所以當利空真的發生時，已經沒有影響力。（見下頁圖表 5-9、第 215 頁圖表 5-10）

利空如此，利多也一樣。假設市場傳出將有利多發生，股價也因此不斷上揚，等到利多真正降臨時，所有看好的人早就買進了，這時誰會繼續拉抬股價，讓那些已經在車上的人大賺一筆？

明確的例子，便是前面提過的北極星藥業 -KY（6550）。解盲成功在大部分人的認知中是利多，然而北極星藥業 -KY（6550）

攀高、續抱、快逃──K線之道

圖表 5-9 英國脫歐後的台股大盤走勢圖

2016 年 6 月 23 日英國通過脫歐公投，利空消息雖讓台股下跌近 300 點，但影響僅一天時間，隔天就回漲。

資料來源：TradingView。

股價其實在等待解盲的過程中，就已經在反應上漲，也就是那些認為會有好消息的資金已先進駐拉抬。試想，等到結果真的成功時，這些資金會獲利了結？還是繼續拉抬，讓看到解盲成功新聞才買進的人也來賺一波？這與利多出盡無關，因為前面的上漲本來就不是利多，只是炒作可能解盲成功的行情而已。

新聞說的利多不能全信

　　散戶通常會特別重視新聞報導的內容，因為這是他們為數不

PART 5 價差交易的邏輯

圖表 5-10 2016 年川普勝選及美國升息後的台股大盤走勢圖

2016 年 11 月川普當選美國第 45 任總統，12 月美國聯邦準備理事會（Federal Reserve Board，簡稱 Fed）宣布升息，兩大利空消息僅讓台股下跌數日。

資料來源：TradingView。

多可以得到資訊的管道。只是他們沒有多加思考，到底是因為股價上漲才有相關新聞，還是記者報導前真的親自採訪了公司？有些新聞只要看標題就知道不是一手資訊，像是寫著「全網」兩個字，就表示這篇新聞只是蒐集了網路上的討論，作為投資人的我們不需要這種「網路衝浪來的消息」。

投資大眾最不需要的，就是預測未來行情的分析，偏偏很多分析師在空頭發生時到處找低檔訊號，完全不理會空方趨勢的力量，安慰與鼓動散戶會有低檔機會；多頭時期應該順勢而為才正

215

攀高、續抱、快逃──K線之道

確,竟又反過來幫大家找拉回再買進的理由;又或是哪一檔股票的價格破底時,就冠上「甜甜價」的好聽話,鼓勵人們逆勢操作。

最糟糕的是,投資人其實有能力正確判斷、順勢而為,卻被大量錯誤資訊轟炸昏了頭,分散對趨勢與股價慣性的注意力,無法專注於事實,結果變得越來越想預先猜測反轉、想提前做出反應,判斷力盡失。

話題第一次出現,是股價最飆的時候

我們一定要認知到,大家茶餘飯後談的主題,都已經是結果,從來不會是股價「未來」上漲的原因。就像當所有人都知道被動元件缺貨大漲價時,國巨(2327)股價已經超過 1,200 元(2018 年 6 月 7 日收盤價 1,230 元),華新科(2492)也從 18 元衝破 400 元(2018 年 6 月 29 日收盤價 417 元)。

通常話題第一次出現時,就是股價最飆的時段,例如約 20 年前太陽能題材造就了茂迪(6244)、中美晶(5483)的狂飆,後來減碳儲能題材當道,股價也沒能再飆,這時人們願意布局,只是因為看到結果的回推,真正的利多早已過去。

相似狀況較近期的例子,有 2020 年新冠疫情爆發時的口罩股「天國一輝」(按:指四大生技股,中天〔4128〕、杏國〔4192〕、合一〔4743〕、杏輝〔1734〕)瘋狂飆漲,之後疫情持續、口罩需求不減,但這些商品差異化低的公司,股價卻不斷往下跌(見右

PART 5 價差交易的邏輯

圖表 5-11 中天（4128）、杏國（4192）股價走勢圖

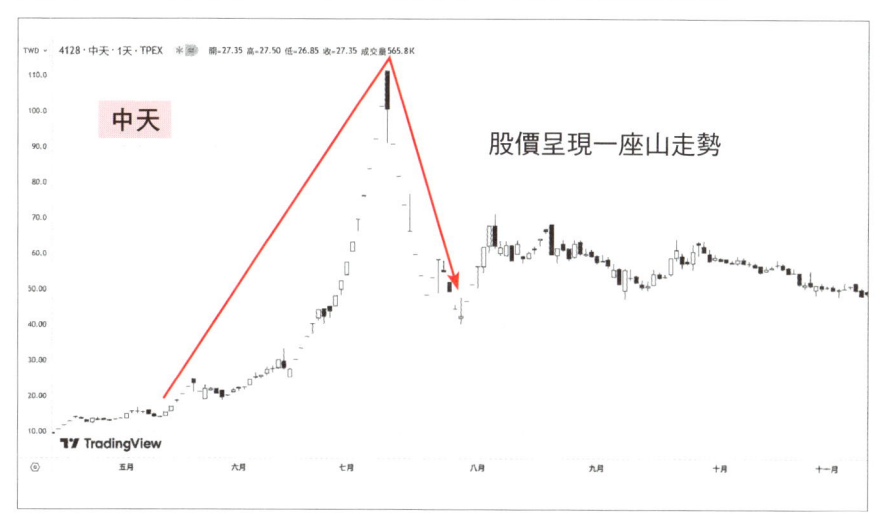

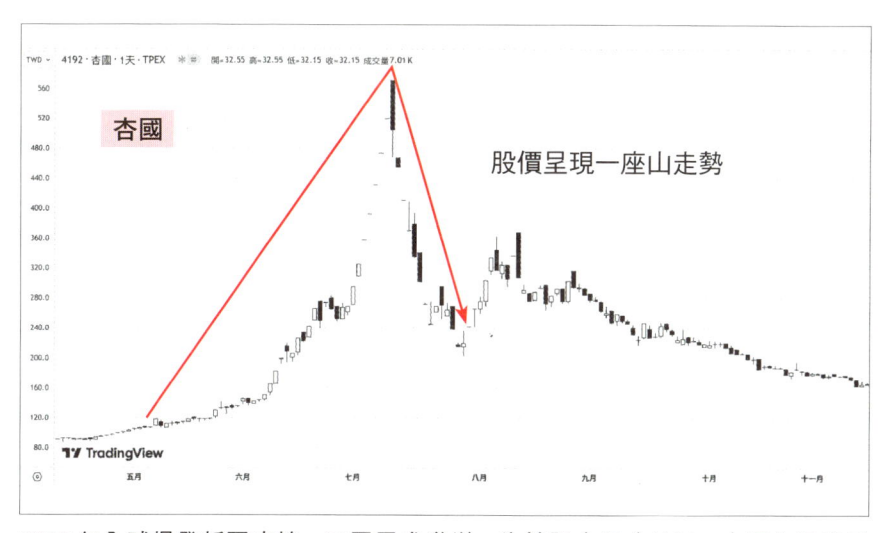

2020 年全球爆發新冠疫情，口罩需求激增，生技股中天（4128，上圖）及杏國（4192，下圖）都在 7 月拉出多根漲停板、跳空飆漲，但高檔持續不到一週，便幾乎跌回原點。

資料來源：TradingView。

217

攀高、續抱、快逃——K線之道

圖表 5-12 圓展（3669）、圓剛（2417）股價走勢圖

前瞻 2.0 裡的強化多媒體教學計畫，造就電腦周邊類股圓展（3669，上圖）、圓剛（2417，下圖）股價狂噴，但前瞻計畫帶來短期的利多，畢竟不是真正的產業發展，話題過後不到半年股價即腰斬。

資料來源：TradingView。

PART 5 價差交易的邏輯

頁圖表 5-11）；2017 年政府推動前瞻基礎建設計畫（按：簡稱前瞻計畫），計畫後四年（按：2021 年 9 月至 2025 年 8 月，簡稱前瞻 2.0）數位建設的強化多媒體教學，造就了圓展（3669）、圓剛（2417）股價狂噴，但不是產業常態性發展，股價最後幾乎跌回原點（見左頁圖表 5-12）；還有生產醫療手套原料的申豐（6582）、南帝（2108），等中國大陸封城結束、產能開出，大賺的現象消失，股價當然也再回到原點。

利多、利空是最簡單的交易決策參考值，但已有太多事實證明，它們**並不是真正存在，都只是散戶的主觀幻想或擔憂**，必須避開這種輕鬆想像的思維，才能避免把時間、資金浪費在虛無的期望裡。

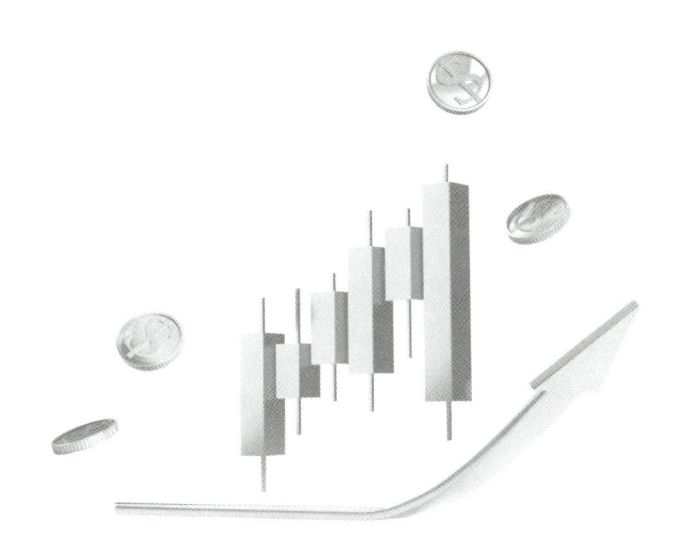

05 股價攻擊總在創新高第一天之後

想知道主力如果打算拉抬一檔股票，目前結構上有多少籌碼在等待解套，從 K 線圖上是看得出來的，只要股價拉抬到賣壓的位置，解套者一定會賣出，主力若想要繼續抬價，這些賣壓就得照單全收，這就表示，從股價創新高開始，再也沒有過去的賣壓阻礙。

回顧任何強勢多頭的時期，股價飆漲滿天飛的範例，一定可以很清楚的看出，最強勁的漲勢通常都在「沒有套牢賣壓、也就是創新高那一天」之後，因此，創新高第一天是股價攻擊的必經之路。可說是，創新高之後不一定會變成飆股，但是飆股必會先經過創新高，之後才開始飆。下頁圖表 5-13 的堡達（3537）大漲，就是先經歷創新的第一天，然後才有明顯的拉抬攻擊。

為何大家總錯過創新高第一天？

既然是創新高，在 K 線圖的位置就會是右上角。由於看盤軟體都是採「頂天立地」的設定，也就是股價至今的最高點會頂在 K 線圖的上方，最低點會在 K 線圖的下面，而這就是投資人最常

攀高、續抱、快逃──K線之道

圖表 5-13 堡達（3537）股價走勢圖

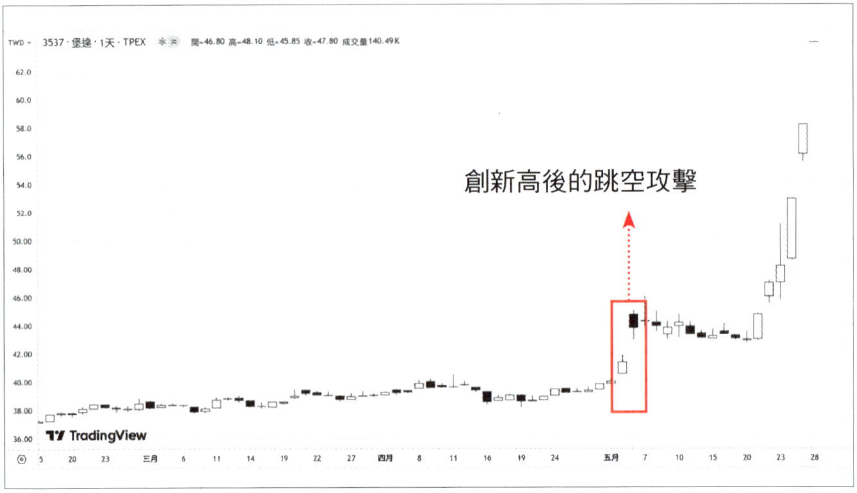

堡達（3537）在 2024 年 5 月 3 日創新高後，隔天即出現跳空攻擊，10 個交易日後展開飆漲走勢。

資料來源：TradingView。

做出錯誤決策的原因。

　　無論是突破頸線、突破前高，還是創新高，只要股價是在過去沒有到過的新高點，就會在圖的右上角，這個位置當下看起來就是投資人認為的高檔，必須等到股價繼續往上衝，當初「創新高的第一天」這時看起來在下面，大家的目光才有辦法客觀檢視關鍵位置，但也已經錯過最好的黃金買點。

　　右頁圖表 5-14 是新產（2850）「股價創新高第一天」與「創新高後繼續漲」的股價走勢對比，通常散戶一看到上圖，馬上會產生對於追高的恐懼，直覺認為如果當初低檔有買進，才是最佳

222

PART 5 價差交易的邏輯

圖表 5-14 新產（2850）股價走勢圖

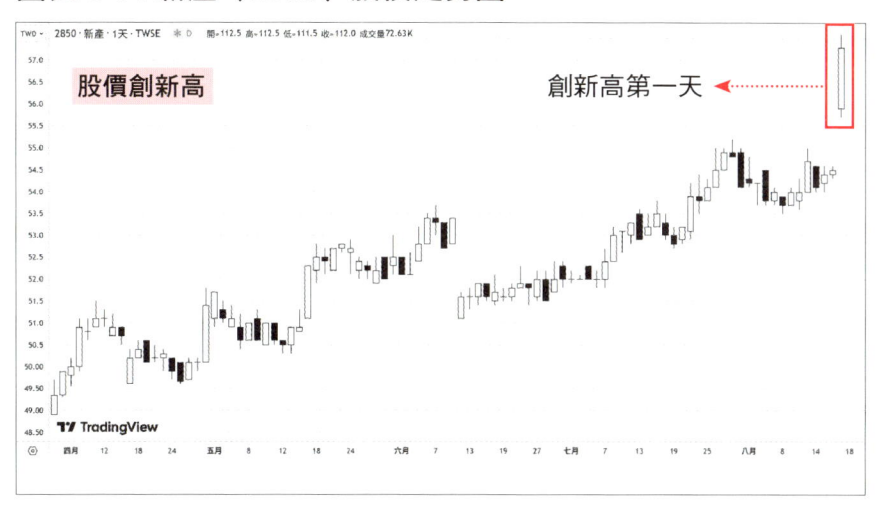

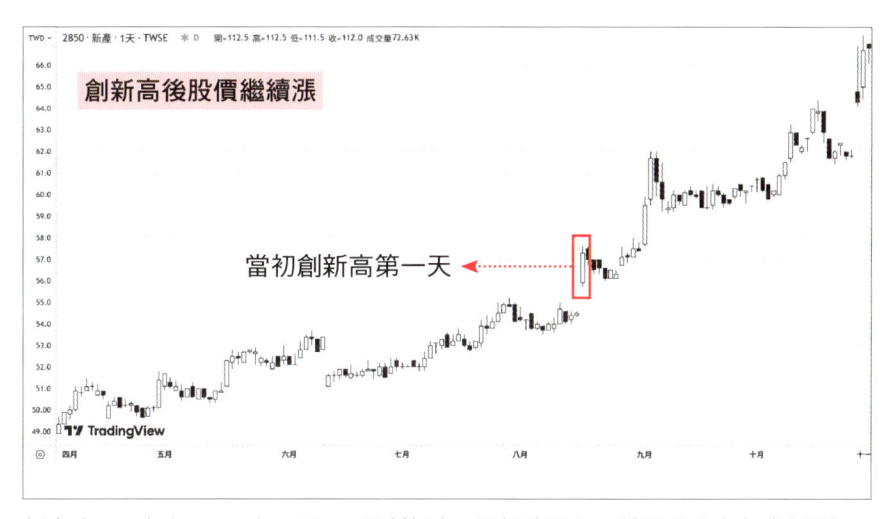

股價創新高

創新高第一天

創新高後股價繼續漲

當初創新高第一天

新產（2850）在 2023 年 8 月 17 日創新高，股價位置在 K 線圖的右上角（上圖），這個位置剛好是散戶認定的高檔，而不敢追高。當股價繼續漲上去，創新高的位置落在相對下面（下圖），大家才又回到客觀檢視。

資料來源：TradingView。

攀高、續抱、快逃——K線之道

的進場位置，現在跳空且創下新高，就深怕會遇到回檔下跌而不敢買，甚至推給主力可能是拉高出貨的錯誤認知。

高檔不一定危險，可能是飆漲的開始

　　股價打算攻擊上去，必須有資金拉抬，資金拉抬股價會遇到套牢的阻礙，直到股價創新高為止，阻礙才能真正化解。但是這樣的狀態在散戶眼中就是高檔，只會出現解套賣出、高檔出脫、逢高出場的心理，根本不會意識到這可能是攻擊飆漲的開始。

　　其實這個道理一點都不難懂，只是散戶並不想懂，當這個思維開始扎根，下一步就是想低買，因為大家總以為買高危險，買低才安全，卻沒有想過，既然買低有保障，為什麼買進後的股價表現總是不如預期？

　　右頁圖表 5-15 是瀚宇博（5469）與台股大盤的走勢圖，如果沒有特別提醒，大概很多人都不會留意，瀚宇博（5469）是一家年度每股盈餘將有 5 元的公司，營運狀況並不差，股價算起來差強人意，但同時期的台股創下了歷史新高 20,000 點（見右頁圖表 5-15 上圖），瀚宇博（5469）的股價不僅沒有反應還下跌（見右頁圖表 5-15 下圖），試問，拉回買進是正確的選擇嗎？這段時間之後股價 1 個月內硬生生跌了 16%，最低點甚至只有 43.2 元。

PART 5 價差交易的邏輯

圖表 5-15 瀚宇博（5469）股價及台股大盤走勢圖

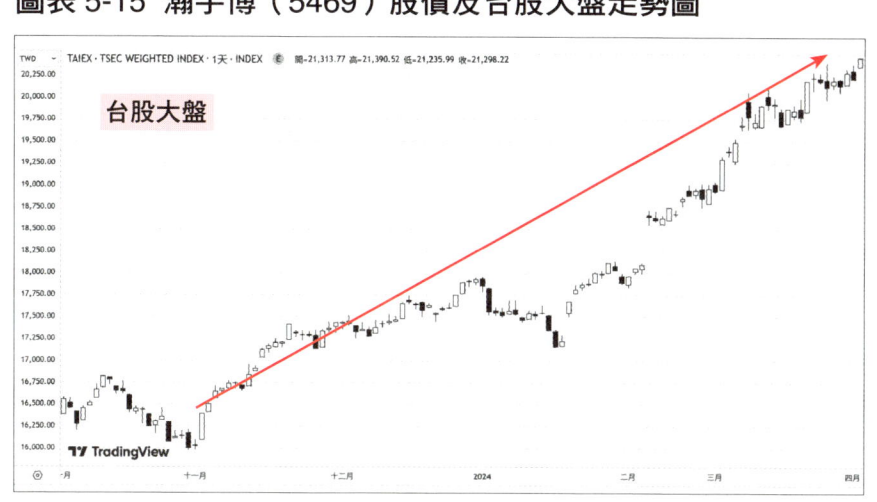

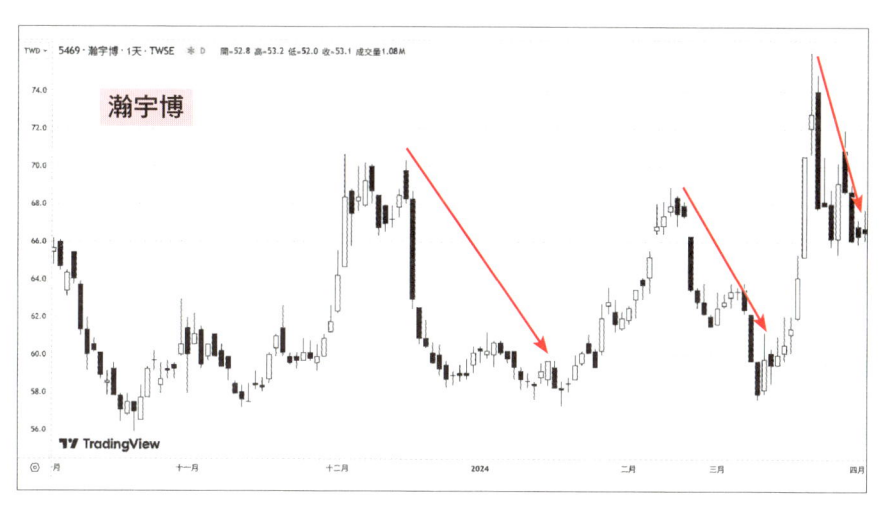

2024 年台股強勢上漲，突破 20,000 點大關（上圖），同時期的瀚宇博（5469）營運狀況不差，但股價毫無表現，甚至多次探底（下圖），如果抱持低買心態，極容易被套牢。

資料來源：TradingView。

225

06 用感覺投資，只會離飆股越來越遠

人總是會找到一種理論來支持自己的錯誤，就像明明是自己不敢追高，就說怕被主力「拉高出貨」；買進的價格比較貴，就說是「幫別人抬轎」；不敢買突破，怕股價又下跌，就說那是「假突破、真拉回」。但是仔細想想，自己買股票到底花了多少錢？只有幾十張又能幫誰抬轎？股價根本沒漲，哪來的抬轎？這些不必要的想法都會阻礙對 K 線的判斷。

要克服人性，制定交易準則並且堅持執行，是非常必要的事。例如依照型態學的理論，頸線突破代表趨勢從盤整轉入多方，因此「突破買進」就是一個必須遵循的交易準則，最好能形成機械式的執行，才不會在交易時被盤勢波動影響，而忘了該有的正確判斷。

在金融市場裡如果沒有準則，就會被感覺誤事。最常見的就是，同一檔股票，這次的買進價不能比上次的賣出價高，一旦股價在賣出之後變得更加強勁，就完全放棄再次操作這檔股票；或是前次以停損退場，就對後來的突破視而不見，甚至把它移出自選股名單。當買賣決策被感覺左右，就算是再高段的技術分析能力都救不了，結果便是離強勢股、飆股越來越遠。

攀高、續抱、快逃──K線之道

我曾在講座上問過一位投資人聽眾,股價創新高等於上方已經沒有任何賣壓,既然上漲機率大於下跌,為什麼不進場?對方給我的答案就是「感受使然」,因為自己先前賣過這一檔,如果現在又買進,好像承認「自己當初的判斷錯誤,現在再追買好像很蠢。」

問題發展到這裡,已經不是技術分析教學,而是必須探討,為什麼大部分已經學會技術分析的人,最後還是難以執行。我以三陽工業(2206)為例。三陽工業(2206)股價在2022年12月20日跌破頸線(見右頁圖表5-16上圖),正常的邏輯判斷就是先出場,避開可能出現的空方趨勢;5個月後股價反彈突破頸線、創新高(圖表5-16下圖),符合型態學的突破買進。對於從未交易過這檔個股的人來說,買點出現一定會選擇進場,但在上次頸線跌破停損的人,就不見得願意在這個更高的位置再進場一次。

如果心中一直存在高價、低價問題,完全無視於趨勢改變、創新高、頸線突破……這些資金的力量和方向,沒有依照準則把握買點,這樣即使賣點再好,掌握不到趨勢翻多,獲利都得大打折扣。

第230頁圖表5-17的海悅(2348)則是用感覺誤判創新高的例子。上圖是海悅(2348)創新高的K線圖,大部分的人會以當下的感覺來判斷,認為短短5個月就漲了將近4成,這樣創下新高的股價不會是買點,於是找了價量背離當作藉口,獲利了結賣出,沒考慮過這個股價是誰拉上去的?5個月後,海悅(2348)

PART 5 價差交易的邏輯

圖表 5-16 三陽工業（2206）股價走勢圖

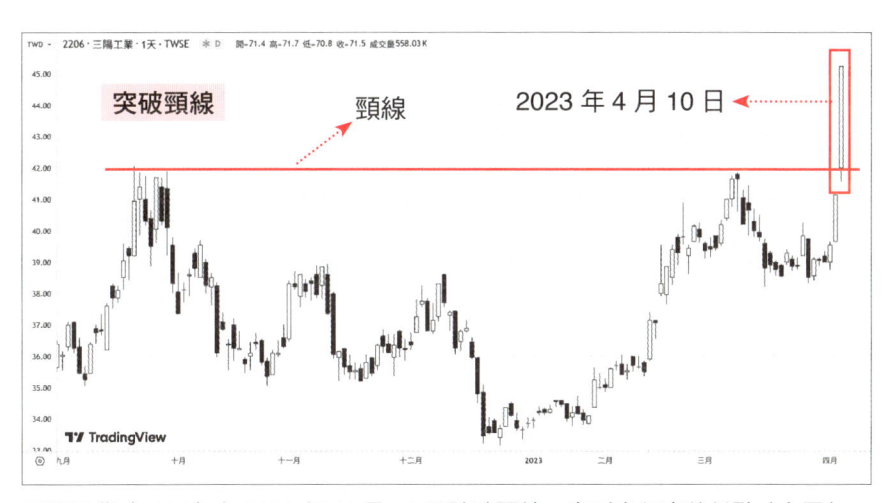

三陽工業（2206）在 2022 年 12 月 19 日跌破頸線，來到半年來的低點（上圖），此時應退場以避開空頭趨勢。2023 年 4 月 10 日股價突破頸線創新高，是買進好時機（下圖），若執著於感覺不願進場，就會錯過後續超過 2 倍的飆漲。

資料來源：TradingView。

攀高、續抱、快逃——K線之道

圖表 5-17 海悅（2348）股價走勢圖

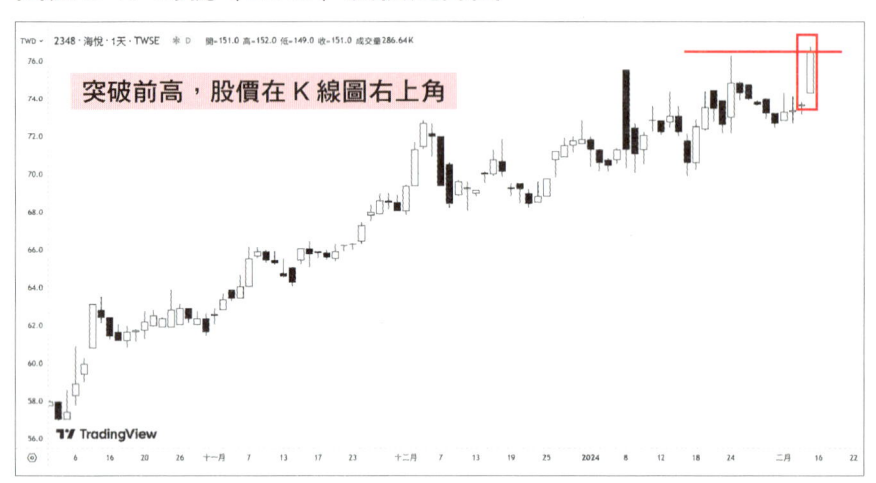

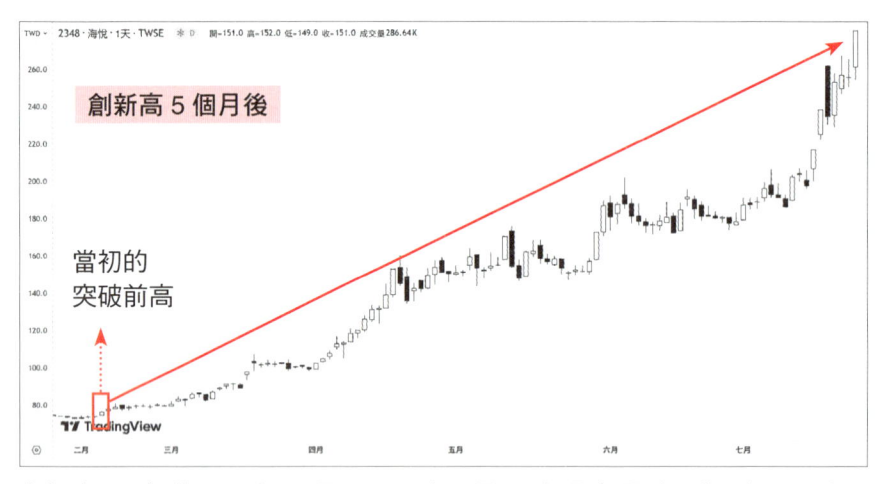

突破前高，股價在 K 線圖右上角

創新高 5 個月後

當初的
突破前高

海悅（2348）從 2023 年 10 月至 2024 年 2 月，5 個月上漲近 4 成，在 2024 年 2 月 15 日突破前高（上圖）；之後股價急速飆漲，5 個月後漲幅再超過 250％，從 76 元飆至 364.5 元（下圖）。

資料來源：TradingView。

股價已經從創新高位置又漲了將近 3 倍（圖表 5-17 下圖），但是投資人不會承認自己 5 個月前犯下了判斷上的錯誤，只會選擇視而不見，或是手機裡的看盤軟體早已移出自選股名單。

投資無須安慰或恐慌，只要相信自己的判斷

「認知失調」是心理學說明人希望自己在思想、態度、行為達到一致的理論。當行為與信念不一致時，就會感到不適和矛盾，而這種感覺驅使人們開始尋找消除不一致的方法，例如改變原本的態度、尋求支持自己信念的訊息，或是尋找合理化的解釋來舒緩焦慮。

這種現象在股市中處處可見，像是股價突然下跌就到處找理由，若剛好有新聞報導因為某事件導致股市重挫，就會安心許多。又或者空頭市場持續進行，手上的績優股卻不斷破底，因為股價與信念不相符而不安，此時如果聽到有人說出甜甜價、人棄我取這些說法，就會感覺比較舒服。單純的看待這些資訊，其實多數都是無意義的事後論述，只能帶給投資人安慰，無益於研判股價或行情。

除了這些無用資料，你也無須理會金融專家的觀點。

從 2020 年疫情侵襲美股造成罕見的四次熔斷（按：股票價格波動幅度達某一限定標準時，市場暫時停止交易）之後，當時的美國總統唐納・川普（Donald Trump）祭出了史上最強烈的量化寬

攀高、續抱、快逃——K線之道

鬆「無限購債」，自此股市瘋狂上漲。這段疫情肆虐、但股市狂飆的時期，美國還有許多專家不斷釋出末日觀點，包括末日博士魯里埃爾·魯比尼（Nouriel Roubini）、《富爸爸，窮爸爸》（*Rich Dad, Poor Dad*）作者羅伯特·T·清崎（Robert T. Kiyosaki）、電影《大賣空》（*The Big Short*）主角原型麥可·貝瑞（Michael Burry），每一位都極力宣揚泡沫，用 2008 年金融風暴、擦鞋童理論（按：Shoeshine Boy Theory，指當擦鞋童都在討論投資股票時，就是股市交易已達到最高峰，之後便會下跌）來預測股價崩跌，結果股市不僅沒有崩盤，還隨著 AI 崛起，晶片類股成為投資新寵，跟專家說的都不一樣。

我們連上漲的主流都難以預測了，又何須猜測未來的泡沫？所以投資人完全無須聽信這些金融專家「猜行情反轉」，現代資訊發達，擦鞋童理論已不存在。投資最重要的是相信自己的能力，而不是找一個神化的人物當作標竿。「信仰」確實重要，但交易者需要信仰的，是自己對於技術分析、基本分析、產業分析的判斷能力，別讓那些每個人都看得到的浮濫資訊，左右了你的交易判斷。

07 | 高檔賣出、拉回承接，就這樣賣掉了飆股

假設一檔股票創下新高、漲到 180 元，大多數散戶都不敢在上漲過程中買進，這是很常見的懼高心理。但是當同一檔股票漲到 250 元、又跌回到 180 元時，大家反而會樂觀認定這是逢低承接的機會，因為人都有比較心理，覺得自己買到便宜價，卻沒有想過萬一股價繼續跌下去，該如何應對？

如果運氣好，股價開始上漲，既然是低檔買進，有漲就是獲利，所以看到股價漲上去就賣掉，也沒想過萬一股價繼續飆上去，該怎樣面對自處？這時就會用「那就再找下一檔」、「我和這檔股票沒緣分」、「留一點給別人賺」這樣的話來安慰自己。

很多散戶都是以視野所見的感覺來判斷股票，以下頁圖表 5-18 金像電（2368）為例，一看到股價從 2020 年 3 月 23 日至 4 月 7 日連漲了 10 根紅 K（圖表 5-18 上圖），就開始找理由想要賣一波，於是拿出能說服自己的理由，例如價量背離。要記得，股價拉抬需要資金力量，既然有資金願意把股價推高，表示股價「正在」被拉升，怎麼會有賣高、把後面留給別人賺的心態？

之後的 4 年股價一路從 30 元漲到 250 元以上（見圖表 5-18 下圖），事實證明，若在出現 10 根紅 K 時賣出，就會自己只賺了零

攀高、續抱、快逃——K線之道

圖表 5-18 金像電（2368）股價走勢圖

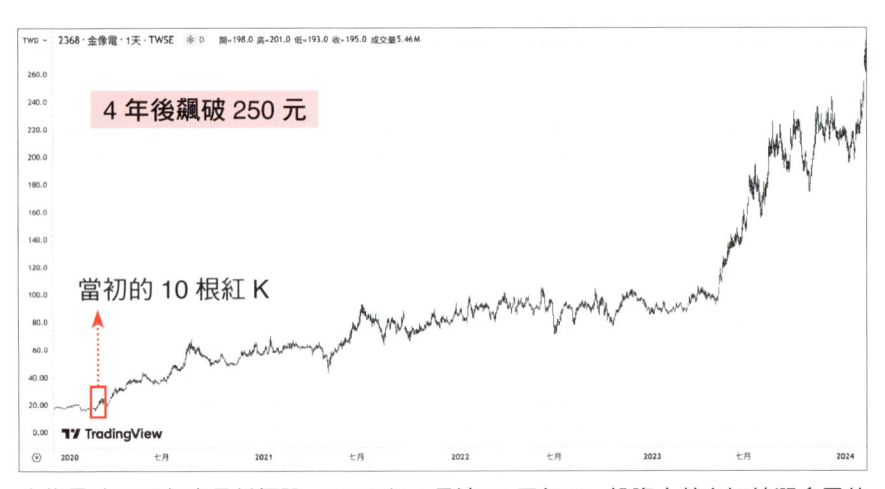

2020 年 3 月至 4 月
出現 10 根紅 K

4 年後飆破 250 元

當初的 10 根紅 K

金像電（2368）本是低價股，2020 年 4 月連 10 天紅 K，投資人就有短線漲多了的即視感，4 年後股價翻 8 倍，當初覺得漲多不買的人，全部錯過行情。

資料來源：TradingView。

頭,而把將近 10 倍的漲幅留給別人賺,這樣的心態便會一再錯過飆股。

其實有不少人已經懂得創新高突破頸線的道理,所以突破的第一天沒有賣出,可是心裡還是存有「逢高賣」的念頭,看著盤中走勢圖,心也跟著股價上下波動,便開始找尋蛛絲馬跡,最終用「以後拉回再買回」的心態支持自己先高檔賣出一趟。再提醒大家一次,股價要有人願意拉抬才會漲,而漲上去的最大目的是作價,並非給散戶高檔賣一波、有低再買回的機會。

股價的高與低,是一種視覺上的障礙,因為看盤軟體只能以目前有過的最高價來呈現高檔,只要隔日再漲,以前的高點就會被壓下去,就像下頁圖表 5-19。然而,若是把 K 線圖畫在方格紙上,現在與過去的股價一起呈現出來,就沒有這個問題,因此,我很建議大家試試自己手畫 K 線圖,絕對會有意想不到的體悟及感受。

交易不是買低、賣高,而是買在股價最具備攻擊力量的時候,很多人一輩子在股市裡進出,卻沒意識過這一點,始終在找拉回買進的低檔機會,而買低的心態只要遇到一次空頭市場,就得退出股市,長期等待解套,如此不如一開始就不要投資。

攀高、續抱、快逃——K線之道

圖表 5-19 中興電（1513）股價走勢圖

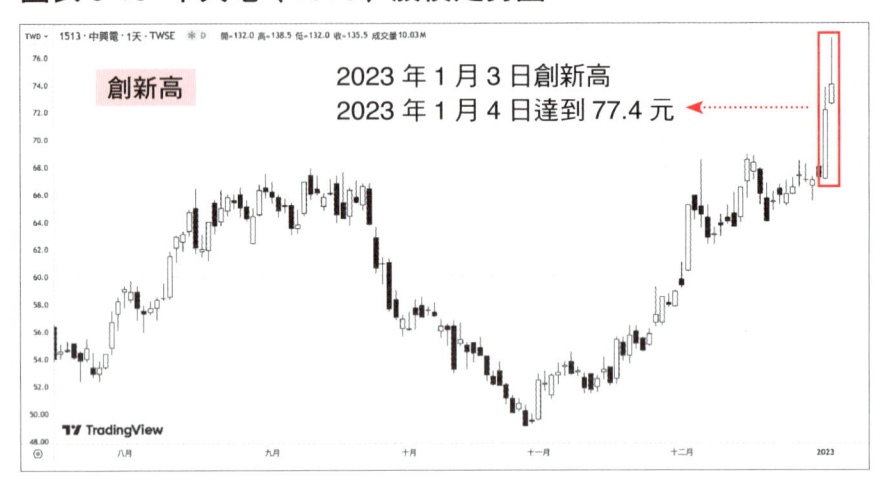

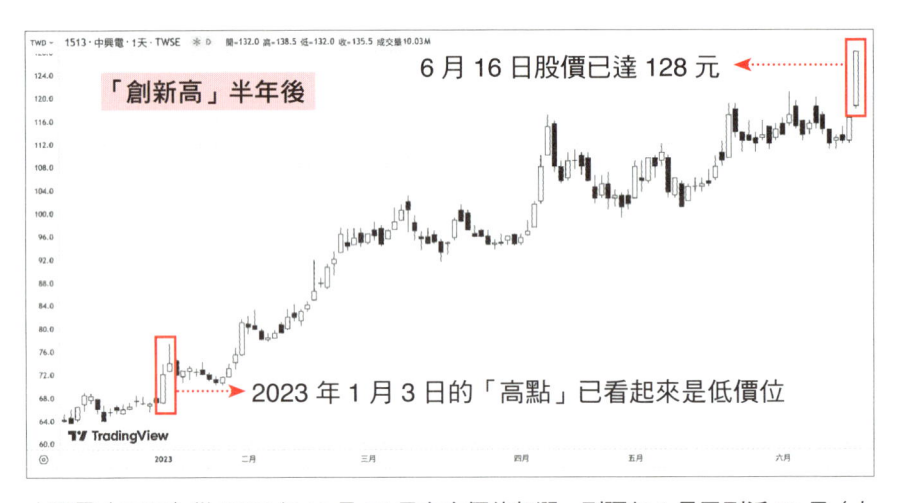

創新高

2023 年 1 月 3 日創新高
2023 年 1 月 4 日達到 77.4 元

「創新高」半年後

6 月 16 日股價已達 128 元

2023 年 1 月 3 日的「高點」已看起來是低價位

中興電（1513）從 2022 年 11 月 50 元左右價位起漲，到隔年 1 月已到近 80 元（上圖），之後股價持續攀升，6 月 16 日時已突破 120 元，半年前的「高檔」已經被壓下去（下圖）。

資料來源：TradingView。

08 | 賺不成價差就長期持有？小心長期套牢

曾有一位投資朋友透過關係來找我幫忙，他的交易總是進場之後就虧損，作多被殺多、放空被軋空，希望我能幫他看看問題出在哪。我看著對方提到的股票走勢，只回答了一句：「你的判斷剛好都錯了，有沒有想過，可能是你的觀念與正確的交易邏輯恰恰相反？」

對方的反應看似已被我點通，沒想到過了一段時間，他又拿著持股交易上門來，這次我只好更直白的說：「總是買低空高，再多的錢也虧不完，因為股價漲跌講的是力量，不是感覺。不能以為漲太多一定會跌就空下去，或是看到跌深就認為會反彈而跳進去買，如果那是檔沒人要的股票，股價根本漲不上去，買得再低都沒有用。」

本以為這次當頭棒喝可以讓對方稍微思考一下，自己的邏輯哪裡有誤，對方竟說：「我不想追高，只想買低，我知道我空高、買低就是最大的問題，但是我改不了，我想問的是，除了這個問題之外，我的交易到底有什麼問題？」聽到對方的真實坦白，我也只好誠實的回答：「除了這些問題之外，你沒有問題。」

攀高、續抱、快逃──**K線之道**

投資最忌「風格移轉」

雖然交易邏輯錯誤是大問題，但若是邏輯正確，投資風格卻搖擺不停，一樣也是錯誤。

所謂投資「風格」，是指買股的目的及態度，有的人是想賺價差，有的人則想把現金變成資產，希望透過投資創造穩定收益。風格沒有對錯，完全看投資人自己的個性及需求，符合哪一種就選哪一種。

只是人總是厭惡風險，遇到虧損時又會找理由原諒自己、看勢辦事、風格移轉，還以為是在隨機應變。例如原本在低檔買進，打算長期持有成為資產，結果遇到股價幾次來回上下，不想浪費行情，便在高檔時賣一波，以後有低再買回，從長期投資變成做價差。2024年時鴻海（2317）股價衝破119元，媒體報導有10萬散戶下車，就是因為風格移轉，結果可能抱了半年、一年的鴻海，就這樣賣在了還在剛創新高的位置，與後面的強勢飆漲擦身而過，錯失投資最期待的大波動行情。

也有反過來的情況，本來打算賺點價差，買進股票後看到股價走勢不如預期，就馬上改變成長期投資，幾次經驗之後，甚至從一開始選股時就不選擇強勢股，方便短線做不成時可以轉為長期投資。

我身邊就有個朋友常常買進了一檔拉回的股票，她說原本買進是想做個小價差，沒想到股價並未出現反彈，賺不到價差，問

PART 5 價差交易的邏輯

我是不是可以放著改為中長期投資?

本來的價差目的沒有達成,就改變心意變成投資來配合行情的弱勢,這是很可怕的移轉心態。更值得擔憂的是,如果因為改成長期投資,就繼續逢低再加碼攤平,當這檔股票再次破底,中期持有就會變成長期套牢了。

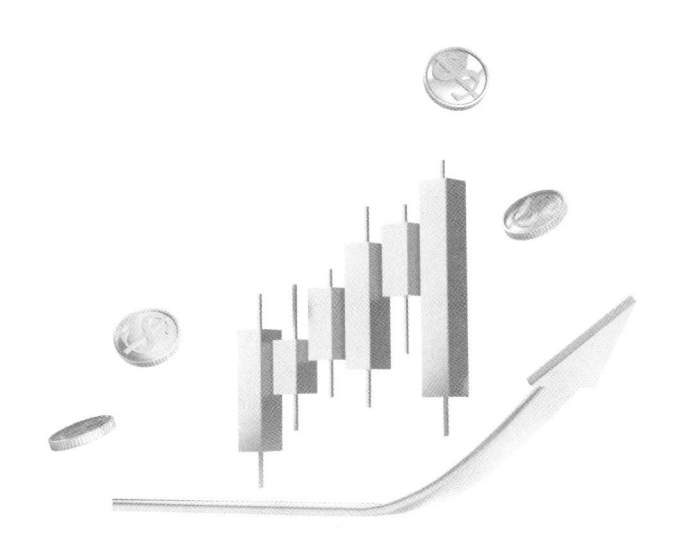

PART 6

金融市場的
生存之道

PART 6　金融市場的生存之道

01 ｜情緒折價的唯一用處，搶反彈

　　技術分析是基於已經發生的事實，但股價會因為投資大眾當下的「感覺」而出現超漲或超跌，這種情緒無法產生數據判斷卻實際存在，於是多頭趨勢中的價格異常飆漲便稱為「情緒溢價」，而空方狀態時股價短期崩跌稱為「情緒折價」。

　　多頭市場往往會讓不完美的利多看起來很完美，這並非主事者刻意塑造榮景，而是環境樂觀氣氛下，任何利空事件都像鹽溶於水中，快速消失不見。時間久了，人們漸漸對於應該警覺的事情麻痺，股價判斷失去了準則，這時只要稍微炒作話題，股價就會形成不合理的漲勢。

　　明明沒有基本面支撐，股價卻樂觀的大漲；明明已經漲過頭了，還硬是可以再漲一段，這種因為情緒影響股價的現象，就是情緒溢價。

　　而情緒折價則是在空方趨勢已經明顯成形的狀態中，只要一個小事件，都能讓股市才剛剛出現的反彈又弱勢了下來，有時所謂的利空小到微不足道，例如前一晚美股發生了利空事件，隔日原本空頭的台股大盤就破底；或是股價已經跌得很深了，立刻又再創新低。

攀高、續抱、快逃──K線之道

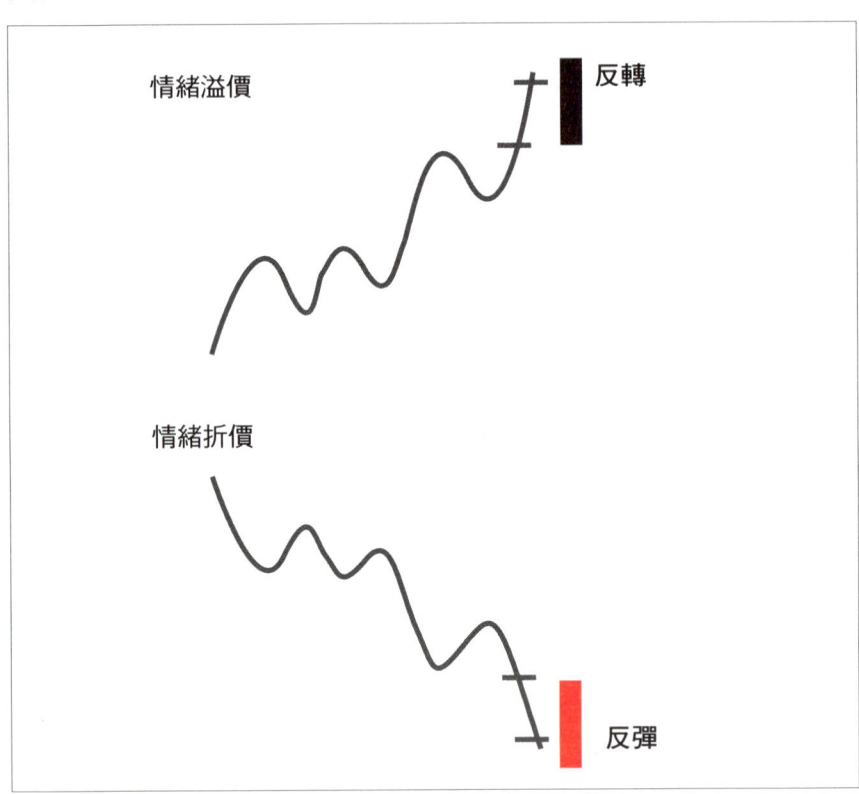

圖表 6-1　情緒溢價與情緒折價

情緒溢價　　　　　　　　　　　反轉

情緒折價　　　　　　　　　　　反彈

　　舉個例子，2025 年 4 月美國總統川普引發的關稅大戰，台股在清明連假過後，一開盤就出現全面崩跌，當日多達 1,702 檔股票跌停，下跌情緒帶來的恐慌感四處傳遞。隔天美股反彈，但是台股繼續大跌，再度出現 770 檔股票跌停板。4 月 9 日國安基金宣布進場護盤，可是前一晚美股再次下跌，原本就在空方趨勢中的台股也再跌一天，其中 898 檔股票跌停。

PART 6　金融市場的生存之道

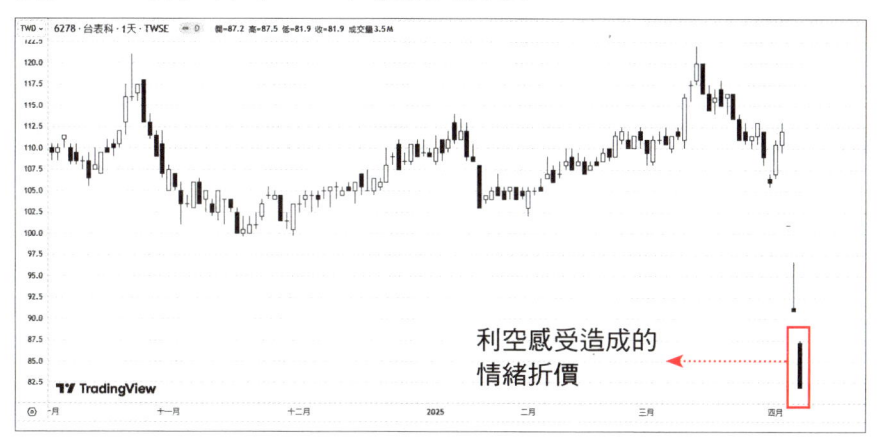

圖表 6-2　台表科（6278）股價走勢圖

利空感受造成的情緒折價

美國總統川普引發關稅大戰，大環境恐慌氛圍不散，台表科（6278）即使公告營收再創新高，股價依然出現情緒性下跌。

資料來源：TradingView。

　　以台表科（6278）作為範例，2024 年每股盈餘為 9.94 元，同時 2025 年 3 月分公告營收再創新高，達到 43 億元，本來應是利多的消息，但股價抵擋不住大環境恐慌氛圍的打擊，連續走出 3 根跌停收盤，股價創下兩年來新低。可見這個價格並非營運問題，而是市場利空感受造成的情緒性下跌，也就是情緒折價。（見圖表 6-2）

情緒有兩種，市場氣氛與個人情緒

　　情緒是金融市場中最難對抗的敵人，散戶如果無法解決情緒

攀高、續抱、快逃——K線之道

問題，投資難以長久獲利。但是看不到的情緒往往又是被環境事件所誘發出來，光是意志堅定也抵抗不了，該怎麼辦？

股市裡有句話說：「短線靠邏輯，長線看技術。」但只有這樣還不夠，想要投資賺錢，短線判斷還得能控制情緒，長線投資就要看得出公司價值。然而，價值評估也會摻雜情緒在其中，一樣是每股盈餘 10 元，有的公司可以反映出 300 元股價，有的卻始終在 100 元附近遊走，這就是沒有標準的市場情緒差異。

由此可見，投資中的情緒來自兩個方面：整體市場氣氛及散戶個人情緒，中長期投資一定要看得懂市場的情緒波動，短線交易則更需要掌握自己的情緒變化。主力或法人在判斷決策時，會撇除情緒、完全理性客觀，像是現在的環境有沒有人跟風、占便宜？市場熱度夠不夠？拉高股價後容不容易出貨？而 K 線代表的就是這些有實力控制股價的人，圖上呈現的型態，是他們刻意塑造給投資大眾看的價格變化，誘發樂觀或是悲觀情緒，尤其是量增，往往是人為製造，使得情緒溢價清晰可辨。

有情緒折價，才有搶反彈

還有一件與情緒折價密切相關的，就是市場上說的「搶反彈」，其正確觀念應是指「搶情緒折價」的這段空間，在 K 線圖上對比的是賣壓中空區段。

當股市裡的悲觀氣氛濃厚，投資人才剛買進一檔股票，就要

承受單日下跌幅度可能比往常更大的壓力,如果買進後真的又再破底,且遇到多數交易者都停損出場,使得沒有買盤支撐的股價再往下跌一小段,從這一小段到市場情緒恢復理智之間(例如大盤開始回穩,個股紛紛止跌時),就是搶反彈可以搶進的區段。

搶反彈的要素是必須有著「情緒折價」區段,散戶以往認知的,看到盤面連漲幾天後又拉回便進場搶短,這就不算是搶反彈,因為其中沒有發生情緒折價。情緒折價這個區段,是從讓投資人恐慌開始,可能只有一天,也可能連續好幾天,情緒折價持續越久,賣壓中空的區段就越大,V型反轉的空間也會越大。

搶反彈是一門學問,需要對情緒折價有深刻的認識,才會理解兩者之間的時機與關聯,當然還需要判斷套牢壓力的位置與大小。無法理解股市裡的情緒,就無法理解什麼是情緒折價,也就沒有能力搶反彈。

02 空頭結束才是價值投資最佳時機

自從華倫·巴菲特（Warren Buffett）被奉為投資之神後，許多關於價值投資的意義與精神，開始被廣泛討論與運用，使得價值投資變成不可或缺的投資精神。然而，在「股價低於價值時買進」的主張下，漸漸變成好像所有股票都能找到投資的機會，但事實並非如此，有時候股價已經低於價值，受限於環境的恐慌氣氛還是再跌一大段，而且價值投資還衍生出了「價值陷阱」。

價值投資的利益，來自於價格與價值之間的距離，但是，為什麼市場價格會比公司價值還要低？這是必須先探討的問題。

通常若大環境氣氛不佳，導致大部分個股股價無差別下跌，就有可能出現股價低於價值還乏人問津的狀況，甚至會持續頗長一段時間。所以，價值投資的正確時機應是空頭格局、利空侵擾、股價無差別下跌後，並不適用於多頭熱絡的環境下。在多方趨勢下，頂多只能在個股波動幅度很大時，找到「價值低估型」的股票，而價值低估與價值投資的判斷方式與時機完全不同。

事實上，無論怎樣判斷價值投資的時機，都有缺點，那是因為空頭趨勢下，沒人能預測股價何時才會止跌。也就是說，價格已經遠低於價值了卻還沒跌完的狀況，一定會發生，2025年就再

攀高、續抱、快逃──K線之道

上演了一次。

價值投資也有陷阱

至於價值投資會衍生出「價值陷阱」，是因為很多人單方面誤用了價值投資的理論。價值陷阱的廣泛定義，是投資人買了股價「看起來」被低估的股票，但事實上股價就算已經跌深了還是很貴，因為這家公司的營運狀況每況愈下，價值只會越來越低。

若是定義再細一點，可以說是本益比已經偏低，買進之後股價還一直跌，等到公司營運越來越差的真相浮現，使得股價繼續探底，但本益比卻越來越高，是因為本益比公式的分母每股盈餘再下降，那麼當初買進時就是遇到了價值陷阱。

價值陷阱這四個字的重點不在於陷阱，而是在於價值辨別有誤，也就是對某家公司的評價錯誤。要說為何會評價錯誤，原因在於投資人只用最簡單的方式看待公司價值，例如只問本益比多少倍算合理，卻不問產業有沒有成長空間、產品有沒有門檻與競爭力，更沒留意這家公司有沒有核心價值。

合理本益比是個誤解

本益比計算是股價為分子、每股盈餘為分母，所以當本益比很低時，不一定是股價被低估，也可能是每股盈餘逐漸變少，當

PART 6　金融市場的生存之道

營運不佳持續越久、分母越下修，本益比就自動越來越高。

本益比是財務分析中對股價合理性的一種判斷，因此讓投資人誤以為，市場上有「合理本益比」的判斷方式。這當然是一個很大的盲點，因為我們可以知道本益比目前幾倍，卻無法讓股價照著本益比應該有的標準移動。

對於本益比，我們只要知道它是當年度「最大可能殖利率的倒數」就好，因為成長股、景氣循環股、衰退股的本益比呈現不同，不能直接把它當作所有股票的買賣標準，就連許多券商的研究報告，也只是單純套用合理本益比的說法，不具實務意義。

因此，如果價值投資採用本益比簡單評估，就會輕易落入價值陷阱。因為在股價不變的情況下，分母的每股盈餘成長性如何，決定了本益比會往哪個方向改變，倘若每股盈餘越來越差，本益比便會越來越高，最後股價只好以下跌來回應，形成公司營運越差，價值越來越低，股價越往本質靠近。也就是說，單純使用價值投資的角度、本益比的判斷，完全對抗不了價值陷阱。

判斷價值不能太武斷，價值投資的條件必須很嚴謹，其中最重要的是盈餘不能呈現連續衰退。投資大眾只能透過新聞與財報看到營運結果或消息，公司內部實際有什麼問題或錯誤決策，外界都無法立即知悉，所以判斷價值時容易過於主觀偏好。唯一能夠幫助判斷價值的只有公司的核心價值，如果盈餘同時一直呈現正值，甚至是逐步成長，那就可以判斷價格是否被低估，甚至是發現成長股的契機，這也是法人看公司價值時真正在評估的事。

03 | 價差交易者的紀律

「你是投資者，還是價差交易者？」這是進入金融市場前一定要先思考的問題，確認答案後才可以開始投資。相信很多人從沒思考過這個問題，以為不管怎樣的買賣目的都算是投資，也以為自己有能力判斷價格變動，只要選對股票就行。

假如沒有先確認自己是投資者、還是價差交易者，就會經常移轉投資風格，持股賺錢時做價差，虧損時就告訴自己是投資，長期抱著、等待解套。但是等到了解套那一刻，多數人不會繼續抱著長期投資下去，而是會很快賣掉，又變回賺價差的交易者。

我們可以看看台積電（2330）和力積電（6770）的投資人例子。（見第 255 頁圖表 6-3）

台積電（2330）在 2024 年 1 月的法說會之後，股價突破 700 元，距離上次貼近 700 元價位已是兩年前。法說會後有 12 萬散戶股東下車，想當然是套牢兩年終於等到解套機會的人，但其中一定也有在四、五百元買進打算長期投資的人，眼看股價幾乎翻倍便忍不住賣出想先賺一波，結果錯過了 700～1000 元這一大段漲勢。（見第 255 頁圖表 6-3 上圖）

同樣時期的力積電（6770）股價破底，賺不到價差的散戶只

攀高、續抱、快逃——K線之道

好抱穩,說服自己是在長期投資,沒想到之後還再續跌3成,陷入套牢危機。(見右頁圖表6-3下圖)這兩者都是沒搞清楚自己的交易目的就進入市場,成了漲時賺價差、跌時長期投資,多頭沒賺到、整段空頭卻沒有一次躲得過的人。

價差交易的停損設定

停損是價差交易者必須優先具備的觀念,這並不是說以投資為目的就不用設定停損點,只是長期投資的衡量標準,偏重於公司盈餘的成長性。此外,停損設定也不是買進成本的10%、15%這種方式,停損點與買進價格無關,而是與K線原理有關。

舉例來說,型態突破頸線是趨勢從整理轉為多方的改變,不管是買在剛突破還是紅K高點,停損價都是頸線被跌破。這與網路流傳的觀念不同,但價差交易者的停損就是必須基於正確原理,且確實執行。

價差交易的目標應該是大賺小賠,說白了就是要賺到整段漲勢,如果遇到股價應該攻擊卻未見資金拉抬,應對方式就是直接出場。因此,心理素質足以承擔股市短期劇烈震盪、K線判斷能力足以辨識資金力量是否存在的人,才適合賺價差。總是解套了就想賣出、賺到一點價差就害怕股價下跌而急著退場、虧損時想等到反彈再賣股,就會變成小賺大賠,無法長久存活在市場上。

PART 6　金融市場的生存之道

圖表 6-3　台積電（2330）及力積電（6770）股價走勢圖

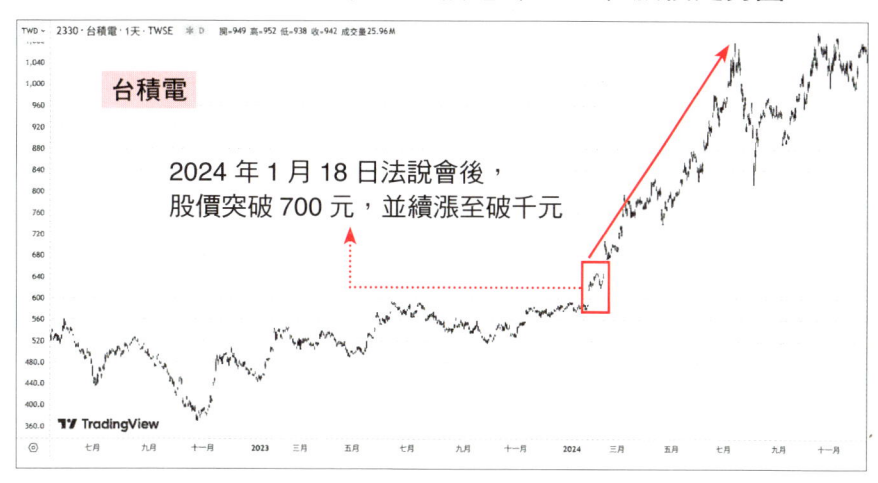

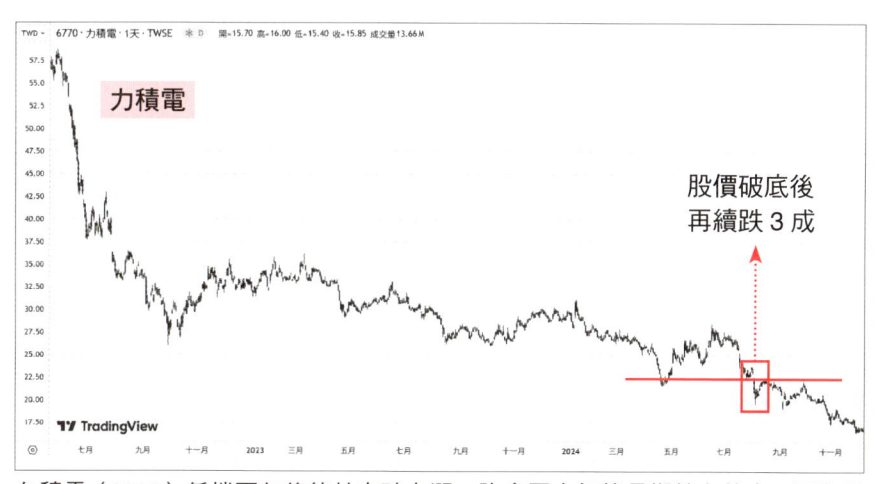

台積電

2024 年 1 月 18 日法說會後，
股價突破 700 元，並續漲至破千元

力積電

股價破底後
再續跌 3 成

台積電（2330）低檔兩年後終於突破上漲，許多原本打算長期持有的人，因為股價翻倍就想改賺價差，結果錯過後續漲至千元的主升段。（上圖）同時期力積電（6770）股價破底，賺不到價差的散戶於是轉向長期投資，卻等來股價再跌 3 成，陷入套牢危機。（下圖）

資料來源：TradingView。

04 賺錢的原理很簡單，為何結果總是賠？

大家都說，股市裡有 9 成以上的人最終都是虧損賠錢。但有沒有想過，這 90％的人有什麼共同之處？只要是空頭市場來臨，網路上就會頻繁出現「翻船、被割韭菜」的故事。賺錢的原理很簡單，技巧也不難學，為什麼散戶們還總是重覆著失敗？

只要到了空頭市場，本來賺 200 萬元變成倒賠 300 萬元的故事時有所聞，會形成這種結局，原因在於當股價呈現弱勢、破底、再破底，投資人卻還一直堅持、抱著不放。如果跌勢中還持續攤平加碼，套牢還會越套越深，就算股價反彈來到壓力區都未必能解套，這就是大部分人最後還是賠錢的主因。

散戶始終虧損的六大原因

散戶的定義是「對股價沒有控制能力的人」，雖然都被稱為投資人，但實際上真正有穩定信念的少之又少，絕大多數都會受到環境氣氛左右。而散戶總是與虧損、韭菜這些名詞劃上等號，有六大原因：

攀高、續抱、快逃──K線之道

1. 以為總有一天會遇見飆股
　　人們總以為股價飆漲的情境會發生在自己身上，只不過因為某些原因錯過了。殊不知，如果抱持著「買低賣高」心態，根本很難遇見飆股，因為早在股價還沒開始飆之前，就已經獲利了結出場了。等到股價上漲又再進場追逐，卻沒有想過，應該要找到的是多頭市場的節奏，先有股價的上漲，才會有故事。

2. 以為發現內線或明牌
　　市場上充斥太多真真假假的投資傳言，所以一聽到某些股票的消息，就以為掌握到了內線而深信不已，沒先自問自己與別人有何不同，為什麼可以得到「差別待遇」？所以真相其實是，散戶知道的事情，全世界都早已知道了，既然已經人盡皆知，又怎可能是內線消息？

3. 無法堅守自己的判斷
　　其實大部分的投資人都有辨別趨勢的能力，只是總在關鍵時刻管不住自己，於是多頭時明知股價正在創下新高飆升，但就是想要先賣一波、入袋為安；空頭時也知道不應該逆勢而為，偏偏就是賣不出手，還再用低檔加碼攤平，繼續犯下下一個錯誤。

4. 總是被新聞左右
　　大家都知道投資股市需要花時間學習，但若是把時間耗費在

PART 6　金融市場的生存之道

每天閱讀新聞，或是看看美股漲跌，就以為自己已經努力過了，而不是學會看懂資金趨勢、技術分析，那就只是最廉價的努力。因為新聞所說的，是全世界每個人都看得到的資訊，而且多半是順應當下的股價趨勢，把過去的報導重新加工整理後再刊出一次，讓人乍看以為是新的觀點，事實上對於判斷一點幫助也沒有。

5. 賺到錢就以為了解市場

常常有人來回做了幾次價差之後，就自以為很了解某檔股票的脈動；也有人進場賺到了錢，便開始覺得自己是股神，非常了解投資市場，認為賺錢就是那麼的容易。事實上，即便是交易經歷超過 20 年的人，都無法直接抓到一檔股票的高低點。以為自己很熟悉就主觀判斷市場會怎麼走，無視於資金的動向、型態的轉變，是散戶落海六大原因之中最大的主因。

6. 做不到順勢而為

順勢而為看似最容易，但其實是最困難的事。當股價呈現連續的多頭趨勢，就應該順勢買進享受飆漲；空頭趨勢時就不該堅持續抱，更不能加碼攤平，但偏偏散戶們就是逆勢而為，害怕追高、逢低布局，錯過了主升段、擁抱了整個主跌段。

投資就是不斷把資金放在具備核心價值的企業，一旦股價進入多方趨勢，只要趨勢沒有改變，就不能輕易賣出，尤其當股價

攀高、續抱、快逃──K線之道

創新高,表示過去的套牢賣壓都已被資金刻意吃下,這可能就是股價正要進入最強勢的契機。但是當攻擊結束,或是多方趨勢改變,那就必須毫不猶豫立刻全部出場。K線技巧必須深入學習,但實戰上決策時,往往只需一個關鍵判斷發揮功用。

要做交易決定很容易,但是基於怎樣的邏輯判斷,必須有憑有據,如果只憑感覺交易,就會成為市場上說的:「靠運氣賺來的錢,最後往往又靠實力輸回去。」

國家圖書館出版品預行編目（CIP）資料

攀高、續抱、快逃──K線之道：股票要漲，不能純靠題材，更需要資金拉抬。K線比財報早知道，賺到70%漲幅。／林家洋著．-- 初版． -- 臺北市：大是文化有限公司，2025.05
272 面；17×23 公分
ISBN 978-626-7648-15-5（平裝）

1. CST：股票投資　　2. CST：投資技術
3. CST: 投資分析

563.53　　　　　　　　　　　114000433

Biz 482

攀高、續抱、快逃──K 線之道

股票要漲，不能純靠題材，更需要資金拉抬。
K 線比財報早知道，賺到 70% 漲幅。

作　　　者 ／ 林家洋
責任編輯 ／ 宋方儀
校對編輯 ／ 劉宗德
副總編輯 ／ 顏惠君
總 編 輯 ／ 吳依瑋
發 行 人 ／ 徐仲秋
會計部｜主辦會計 ／ 許鳳雪、助理 ／ 李秀娟
版權部｜經理 ／ 郝麗珍、主任 ／ 劉宗德
行銷業務部｜業務經理 ／ 留婉茹、專員 ／ 馬絮盈、助理 ／ 連玉
行銷企劃 ／ 黃于晴、美術設計 ／ 林祐豐
行銷、業務與網路書店總監 ／ 林裕安
總 經 理 ／ 陳絜吾

出 版 者 ／ 大是文化有限公司
　　　　　臺北市 100 衡陽路 7 號 8 樓
　　　　　編輯部電話：（02）23757911
　　　　　購書相關諮詢請洽：（02）23757911 分機 122
　　　　　24 小時讀者服務傳真：（02）23756999
　　　　　讀者服務 E-mail：dscsms28@gmail.com
　　　　　郵政劃撥帳號：19983366　戶名：大是文化有限公司

香港發行 ／ 豐達出版發行有限公司 Rich Publishing & Distribution Ltd
　　　　　地址：香港柴灣永泰道 70 號柴灣工業城第 2 期 1805 室
　　　　　　　　Unit 1805, Ph. 2, Chai Wan Ind City, 70 Wing Tai Rd, Chai Wan, Hong Kong
　　　　　電話：2172-6513　傳真：2172-4355　E-mail：cary@subseasy.com.hk

封面設計 ／ 林雯瑛　內頁排版 ／ 林雯瑛
印　　刷 ／ 鴻霖印刷傳媒股份有限公司
出版日期 ／ 2025 年 5 月初版
定　　價 ／ 480 元（缺頁或裝訂錯誤的書，請寄回更換）
I S B N ／ 978-626-7648-15-5
電子書 I S B N ／ 9786267648131（PDF）　9786267648148（EPUB）

※ 本書提供之方法與個股僅供參考，請讀者自行審慎評估投資風險。

All rights reserved.
有著作權，侵害必究